Vente du 10 au 13 Mai 1887

28, rue des Bons-Enfants, 28

CATALOGUE

DE

BONS LIVRES

ANCIENS ET MODERNES

PROVENANT DE LA

BIBLIOTHÈQUE DE M. V. L****

Album amicorum avec dessins coloriés. — Voyages de Champlain 1613. — Œuvres de P. Corneille, éditions de 1654, 1657, 1660 et pièces originales. — GERMAIN. Éléments d'orfèvrerie. — LA BORDE. Renaissance des Arts à la Cour de France. — LA FONTAINE. Fables, 1678. — LA ROCHEFOUCAULD. Réflexions, 1665. — Liber Psalmorum, aux armes de Henri III. — LORET. La Muze historique, 3 vol. — MAROT. L'Adolescence clémentine, 1532. — MAROT. Œuvres, 1534. — MOLIÈRE. Œuvres, éditions de 1666, 1676 et pièces originales. — RABELAIS. Lyon, François Juste. 1542. — RABELAIS. Lyon, Est. Dolet, 1542. — RACINE. Œuvres, éditions de 1687, 1697 et pièces originales. — Manuscrits, etc., etc.

PARIS

CH. PORQUET, LIBRAIRE

1, QUAI VOLTAIRE, 1

1887

CATALOGUE

DE

BONS LIVRES

ANCIENS ET MODERNES

LA VENTE AURA LIEU

Le Mardi 10 Mai, et les trois jours suivants

à huit heures très précises du soir

RUE DES BONS-ENFANTS, 28

Salle n° 1 au premier.

Par le Ministère de Me **MAURICE DELESTRE**, Commissaire-priseur

27, RUE DROUOT

Assisté de **M. CH. PORQUET**, libraire, 1, quai Voltaire.

Exposition de 2 heures à 4 heures

CONDITIONS DE LA VENTE

La vente se fait expressément au comptant.

Les acquéreurs payeront 5 p. 100 en sus des enchères, applicables aux frais.

Les livres devront être collationnés sur place dans les vingt-quatre heures de l'adjudication. Ils ne seront admis à rapport que dans le cas où ils se trouveraient incomplets.

M. Ch. PORQUET remplira les commissions des personnes qui ne pourraient assister à la vente.

CATALOGUE

DE

BONS LIVRES

ANCIENS ET MODERNES

PROVENANT DE LA

BIBLIOTHÈQUE DE M. V. L****

Album amicorum avec dessins coloriés. — Voyages de Champlain 1613. — Œuvres de P. Corneille, éditions de 1654, 1657. 1660 et pièces originales. — GERMAIN. Éléments d'orfèvrerie. — LA BORDE. Renaissance des Arts à la Cour de France. — LA FONTAINE. Fables, 1678. — LA ROCHEFOUCAULD. Réflexions, 1665. — Liber Psalmorum, aux armes de Henri III. — LORET. La Muze historique, 3 vol. — MAROT. L'Adolescence clémentine, 1532. — MAROT. Œuvres, 1534. — MOLIÈRE. Œuvres, éditions de 1666, 1676 et pièces originales. — RABELAIS. Lyon. François Juste. 1542. — RABELAIS. Lyon. Est. Dolet, 1542. — RACINE. Œuvres, éditions de 1687, 1697 et pièces originales. — Manuscrits, etc., etc.

PARIS

CH. PORQUET, LIBRAIRE

1, QUAI VOLTAIRE, 1

—

1887

ORDRE DES VACATIONS

PREMIÈRE VACATION. — *Mardi 10 mai.*

Numéros	10 à 147
—	1 à 9
—	173 à 182
Œuvres de Corneille	148 à 172

DEUXIÈME VACATION. — *Mercredi 11 mai.*

Numéros	262 à 360
—	183 à 261

TROISIÈME VACATION. — *Jeudi 12 mai.*

Numéros	432 à 490
Manuscrits	623 à 669
Numéros	361 à 421
Œuvres de Molière	423 à 431
— —	422

QUATRIÈME VACATION. — *Vendredi 13 mai.*

Numéros	519 à 621
Œuvres de Racine	507 à 518
Œuvres de Rabelais	491 à 506
Livres en lots	622

CATALOGUE

DE

LIVRES ANCIENS

ET MODERNES

1. **A, B, C**, poetico, doutrinal, et antifrancez, ou Veni Mecum para utilidade, e recreio dos Meninos Portuguezes. *Lisboa, na impressam regia*, 1809, pet. in-12, v. fauve, fil., tr. éb.

2. **Achillinus** Alexander. De humanis corporis Anatomia. (In fine :) *Venetiis, per Io. Antonium et Fratres de Sabio*, 1521, pet. in-8, portrait, mar. bleu, milieux dorés, dent. int., tr. dor.

3. **Acosta** (Joseph). Histoire naturelle et morale des Indes, tant Orientalles qu'Occidentalles. Composée en castillan et traduite en français par Robert Regnault Cauxois. *A Paris, chez Marc Orry*, 1606, in-8, vél. bl.

4. **Adam**. Drame anglo-normand du XIIe siècle, publié pour la première fois, d'après un manuscrit de la bibliothèque de Tours, par V. Luzarche. *Tours, imprimerie de J. Bouserez*, 1854, gr. in-8, br.

   6 exemplaires papier vergé.
   5 exemplaires papier de couleur.

5. **Admirable** (de l') et inestimablement riche monument, grotte ou cave enchantée, trouvée au mois d'avril dernier en Angubio, ville appartenant au duc d'Urbin, contre les Athées et malheureux mocque-tout de ce temps. *A Lyon, par Benoist Rigaud*, 1574, in-8 de 4 ff., mar. citron, fil. à froid, dent. int.

6. **Advis** sur la clause vulgairement apposée aux contracts *de fournir et faire valoir* une debte ou une rente (par A. Hotman). *Paris, Mamert Patisson*, 1594, pet. in-8. — Traicté de la dissolution du mariage par l'impuissance et froideur de l'homme ou de la femme (par Antoine Hotman). *Paris, Mamert Patisson*, 1595, pet. in-8. — Discours sur la comparaison des vertus morales et théologales, fait par le commandement du feu Roy. *S. l. n. d.* (vers 1595), pet. in-8. — Lettre d'un François pour la préséance du Roy de France contre le

Roy d'Espagne. *Paris, Mamert Patisson*, 1594, pet. in-8. — Extrait de la Généalogie de Hugues surnommé Capet. *Paris, Mamert Patisson*, 1594, pet. in-8. — Sur la blessure du Roy. Poème. *S. l. n. d.* (vers 1595), pet. in-8. Ensemble 6 pièces en 1 vol. pet. in-8, vél.

7. **Agrippæ** (Henrici Cornelii) de Nobilitate et præcellentia Fœminei sexus, ad Margaretam Augustam Austriaco et Burgundionum Principem *Antuerpiæ, apud Mich. Hillenium*, 1529, pet. in-8, mar. vert, fil., tr. dor. (*Rel. anc.*)

Première édition.

8. **Aïssé** (Mlle). Lettres à Mme Calandrini. Édition revue et annotée par J. Ravenel, avec une Notice par Sainte-Beuve. *Paris, Dentu*, 1853, in-12, cuir de Russie, fil., dent. int., non rogné.

9. **ALBUM AMICORUM**, 1583, in-8, mar. brun, semis de fleurs de lis et d'H sur le dos et sur les plats, dent. intér., tr. dor. (*Capé.*)

Très curieux volume d'une parfaite conservation composé de 29 feuillets. Les 14 premiers représentent les armoiries coloriées de grands personnages.

A la suite les portraits du roi Henri III, de la reine Louise de Vaudemont, de la reine-mère Catherine de Médicis, du cardinal de Guise, de Moines et de différentes dames de la cour très finement dessinés et coloriés.

10. **Almanach** du père Duchesne, ou le Calendrier des bons citoyens. Ouvrage bougrement patriotique. *Paris, de l'imprimerie de Tremblay, s. d.* (1791), pet. in-12, demi-rel. mar. citron, dos et coins, non rogné.

11. **Almanach** de la Convention Nationale, pour l'an III de l'ère républicaine. *Paris, Dufart, l'an III*, pet. in-12, fig., demi-rel. mar. rouge, dos et coins, tête dor., non rogné.

12. **Ammiani** Marcellini Rerum gestarum quæ exstant. M. Boxhorn Zuerius recensuit, et animadversionibus illustravit. *Lugduni Batavorum, ex officinâ Joannis Maire*, 1632, pet. in-12, mar. rouge, fil. à la Du Seuil, dos orné, tr. dor. (*Rel. anc.*)

Exemplaire du cardinal de Richelieu. Les armes qui étaient sur les plats ont été grattées.

13. **Amour** de Valleffin. Almanach ou Journal pour l'an 1595. Faict et diligemment calculé suyvant la nouvelle réformation. Dominus anni Mercurius. *A Lyon, par Benoist Rigaud* (1595), in-16, mar. brun, fil., milieu doré, dos orné, dent. int., tr. dor. (*Capé.*)

14. **Amours** (les), intrigues et caballes des domestiques des grandes maisons de ce temps. Œuvre fort plaisante et agréable pour resjoüir les espris melancoliques. *Paris, chez Louis de Villac*, 1633, in-8, v. fauve, fil., dos orné, dent. int., tr. dor.

15. **Analectabiblion**, ou Extraits critiques de divers livres rares, oubliés ou peu connus, tirés du cabinet du marquis D. R*** (du Roure). *Paris, Techener*, 1836-1837, 2 vol. in-8, demi-rel. v. fauve, tr. éb.

16. **Andrelini** (Publii Fausti), De fuga Balbi ex urbe parisia. *Parisiis, Felix Baligault, s. d.* (1494), pet. in-4 de 6 ff., mar. rouge, fil., dent. int., tr. dor.

17. **Apian** (Pierre). La Cosmographie, traictant de toutes les régions, païs, villes et citez du monde, par artifice astronomique, nouvellement traduicte de latin en françois par Gemma Frisius. Le tout avec figures à ce convenables pour donner plus facille intelligence. *A Paris, par Vivant Gaultherot*, 1551, in-4, cart.

18. **Apologie** de Maistre André Maillart, conseiller du Roy. *S. l.*, 1588. — Le Francophile, pour très grand, très belliqueux prince Henry Auguste IIII. Roy de France et de Navarre. *S. l.*, 1606. — La Fulminante, pour feu très grand et très chrestien prince Henry III, roy de France et de Pologne, contre Sixte V, soy disant Pape de Rome. *S. l.*, 1606. — La Maladie de la France. *S. l. n. d.* — Copie d'une lettre escrite au roy par un gentil-homme françois, sur les bruits qui courent que S. M. veut aller assiéger Sedan. *S. l.*, 1606. Ensemble 5 pièces en un vol. pet. in-12, v. br.

19. **Apuleii** Metamorphoseos, sive lusus Asini libri XI. Floridorum IV, de deo Socratis I, etc., cum isagogico libro Platonicæ philosophiæ per Alcinoum philosophum. *Venetiis, in ædibus Aldi et Andreæ soceri mense Maio* 1521, in-8, vél.

Piqûres de vers.

20. **Aretino.** La prima (e seconda) parte del Ragionamenti... *Stampata... nella nobil città di Bengodi, il viggesimo primo d'octobre* M. D. LXXXIV. — Comento di ser Agresto da Ficarvolo sopra la prima ficata del padre Siceo, con la diceria de nasi. Ensemble 3 parties en 1 vol. pet. in-8, v. br.

21. **Aretino** (Pietro). La Sirena, Marfisa ed Angelica, poemetti consecrati all' illustr[mo] sig[re] Il Signor Giorgio Foscarini. *In Venetia, presso Marco Ginammi*, 1630, in-24, v. fauve, fil.

22. **Ariosto** (Lodovico). Orlando furioso, et cinque canti d'un nuovo libro del medesimo novamente aggiunti, et ricorretti. *In Vinegia, appresso Giolito de Ferrari*, 1560, in-8, fig. sur bois, bas.

Petites piqûres de vers et raccommodage au dernier feuillet.

23. **Arnauld d'Andilly** (Robert). Mémoires, écrits par lui-même (jusqu'en 1656), publiés par l'abbé Goujet. *Hambourg* (*Paris*), *de l'impr. de Vanden Hoeck*, 1734, 2 parties en un vol. in-12, v fauve.

24. **Arrian.** Les Guerres d'Alexandre. De la traduction de Nicolas Perrot, sieur d'Ablancourt. Sa vie, tirée du grec de Plutarque, et ses Apophtegmes, de la mesme traduction. *Paris, L. Billaine*, 1664, pet. in-12, mar. rouge, fil., tr. dor. (*Rel. anc.*)

25. **Articles** accordez et jurez entre les confrères de la Confrairie du S. nom de Jésus, et ordõnée en l'église Messieurs sainct Gervais et

sainct Prothais de la ville de Paris, et autres Églises de la dicte ville, pour la manutention de la Religion catholique, apostolique et romaine, souz l'authorité du Roy, des Princes et magistrats catholiques. *A Paris, chez Guillaume Bichon*, 1590, in-8 de 29 pp., mar. citron, fil. à froid, dent. int.

26. **Alala**, ou les habitants du désert. Parodie d'Atala, ornée de figures de rhétorique (par L.-Jules Breton). *Au Grand village* (*Paris*), *chez Gueffier, an IX*-1801, in-18, demi-rel. mar. brun, dos et coins, tête dor., non rogné.

27. **Atlas géographique** renfermant les Établissements des Jésuites, avec la manière dont ils divisent le globe terrestre. *A Paris, chez Des Ventes de la Doué*, pet. in-8 obl., demi-rel. mar. bleu, dos et coins, non rogné.

Manuscrit composé de 45 cartes coloriées.

28. **Aubigné** (d'). Les Avantures du baron de Fœneste. Première partie. Plus a esté adjousté la seconde partie, ou le Cadet de Gascogne. *A Maillé*, 1617, pet. in-8. — Troisième partie. *A Maillé, par I. M. imprimeur ordinaire de l'autheur*, 1619, pet. in-8. Ensemble 2 vol. pet. in-8, mar. rouge, fil., milieux dorés, dos ornés, dent. intér., tr. dor. (*Capé.*)

29. **Aubigné** (d'). Les Avantures du baron de Fœneste. Première partie. Plus a esté adjousté la seconde partie, ou le Cadet de Gascogne. *A Maillé*, 1617, pet. in-8. — Troisième partie. *A Maillé, par I. M. imprimeur ordinaire de l'autheur*, 1620, pet. in-8. Ensemble 2 vol. pet. in-8, mar. rouge, fil., milieux dorés, dos ornés, dent. int., tr. dor. (*Capé.*)

30. **Aubigné** (sieur d'). Petites Œuvres meslées. *Genève, Pierre Aubert*, 1630, pet. in-8, v. brun.

Volume rare, composé de 52 pièces en prose et en vers.

31. **Augustin** (saint). Le livre de la Véritable Religion, trad. en françois par Antoine Arnauld. *Paris, Ant. Vitré*, 1652, pet. in-12, mar. rouge, fil. à la Du Seuil, tr. dor. (*Rel. anc.*)

32. **Auzoles Lapeyre** (Jacques d'). Esclaircissemens chronologiques et nécessaires : pour les véritables positions des matières qui sont dans les poëtes, et autres historiens fabuleux. *A Paris, chez Gervais Alliot*, 1535, in-8, mar. vert, fil. (*Rel. anc.*)

En tête du volume se trouve un envoi autographe de l'auteur à M. de La Chambre. Sur le plat le sceau du couvent de Saint-Augustin de Paris.

33. **Avantures** secrètes arrivées au siège de Constantinople (par le chevalier L. Rustaing de Saint-Jory). *Paris, chez A. de la Roche*, 1714, pet. in-12, vél. blanc.

34. **Bacon** (Roger). De l'admirable pouvoir et puissance de l'art, et de nature, où est traicté de la pierre philosophale, traduit en fran-

çais par Jacques Girard de Tournus. *A Lyon, par Macé Bonhomme*, 1557, pet. in-8, dérelié.

35. **Baconi de Verulamio** (Franc.) Historia regni Henrici Septimi Angliæ Regis opus vere politicum. *Lug. Batavor., apud Franc. Hackium*, 1642, pet. in-12, titre gravé, vél. blanc.

36. **Baïf** (Jean-Antoine de). Les Passe-tems. *A Paris, pour Lucas Breyer*, 1573, in-8, mar. vert, compart., feuillages, dos orné, tr. dor. (*Rel. anc.*)

37. **Balzac** (de). Les Contes drolatiques colligez ez abbayes de Touraine, et mis en lumière pour l'esbattement des Pantagruelistes et non aultres. Cinquiesme édition illustrée de 425 dessins par Gustave Doré. *Se trouve à Paris, es bureaux de la Société générale de librairie*, 1855, un tome en 3 vol. in-8, demi-rel. mar. bleu, dos et coins, tête dor., non rognés.

38. **Barbier**. Dictionnaire des ouvrages anonymes et pseudonymes. *Paris, Barrois l'aîné*, 1822-1827, 4 vol. in-8, portrait, demi-rel. v. fauve, tr. marb.

39. **Barbier.** Chronique de la Régence et du règne de Louis XV (1718-1763). *Paris, Charpentier*, 1857, 8 vol. in-12, brochés.

40. **Baret** (R.). Traicté des chevaulx, desdié à la Noblesse françoise. *A Paris, chez Sébastien Piquet*, 1645, in-4, titre gravé, demi-rel. bas.

41. **Bargagli** (Scipion). I Trattenimenti ; dove da vaghe donne, e da giovani huomini rappresentati sono honesti, e dilettevoli giuochi ; narrate novelle ; e cantate alcune amorose canzonette. *In Venetia, appresso Bernardo Giunti*, 1591, in-4, vél. bl.

42. **Baron**. L'Homme à bonne fortune, comédie. *Paris, Th. Guillain*, 1686, in-12, mar. rouge, fil., tr. dor. (*Rel. anc.*)

Édition originale.

43. **Bartolus**. Lectura super secunda parte codicis. (*In fine :*) *Finis Bartoli super secunda parte codicis q. peroptime emendata : Venetijs impressionē habuit per Nicolaum Jenson gallicum Anno Domini* 1478, gr. in-fol. dérelié.

44. **Basan** (F.). Dictionnaire des graveurs anciens et modernes, depuis l'origine de la gravure. *Paris, l'auteur*, 1789, 2 vol. in-8, frontispices gravés, bas.

45. **Basin** (Thomas). Histoire des règnes de Charles VII et de Louis XI, publiée pour la première fois par J. Quicherat. Tomes I à III. *Paris, J. Renouard*, 1855-1857, 3 vol. gr. in-8, brochés.

46. **Baston de Deffence**, et mirouer des professeurs de la vie régulière de l'Abbaye et Ordre de Fontevrault : dont l'éréctiō et propa-

gation sera récitée au présent volume, avec la très saincte conversation du législateur d'iceluy: le tout à l'honneur de Dieu et de la sacrée vierge Marie son ancelle. Mis en lumière pour la Très illustre et Révérende mère Abbesse, Religieux et Religieuses de l'Abbaye et Ordre de Fontevrault. *A Angers, par Anthoine Hernault*, 1586, in-4, vél. doré.

47. **Bayle** (Pierre). Dictionnaire historique et critique. Nouvelle édition augmentée de notes. *Paris, Desoer*, 1820, 16 vol. in-8, demi-rel., dos et coins mar. vert, non rognés.

48. **Beaufort** (Jean de). Le Trésor des Trésors de France, vollé à la Couronne, par les incogneuës faussetez, artifices et suppositions commises par les principaux officiers de Finance. Découvert et présenté au roy Louys XIII. *S. l.*, 1615, pet. in-8, cart.

49. **Bechini** (Petri). Chronicon Turonense, ad codices Bibliothecæ Vaticanæ et Regiæ Parisiensis recognitum. Curante V. Luzarche. *Turonibus, excudebat Ladevèze*, 1851, gr. in-8 de 63 pp., demi-rel. mar. bleu, tête dor., non rogné.

Exemplaire tiré sur grand papier.

50. **Bellingen** (Fleury de). L'Étymologie, ou Explication des proverbes françois, divisée en trois livres, avec une table de tous les proverbes contenus en ce traicté. *La Haye, chez Adrian Vlacq*, 1656, pet. in-8, vél. bl.

51. **Bergeron** (Pierre). Relation des voyages en Tartarie de frère Guillaume de Rubruquis, fr. Jean de Plan-Carpin, fr. Ascelin, et autres religieux de S. François et de S. Dominique, qui y furent envoyez par le pape Innocent VI et le roy S. Louys. Plus un Traicté des Tartares, avec un Abrégé de l'Histoire des Sarasins et Mahométans. *Paris, chez Michel Soly*, 1634, in-8, vél. bl.

Piqûres de vers.

52. **Bernard** (dit Gentil). L'Art d'aimer. *A Parme, imprimé par Bodoni*, 1798, pet. in-8, cart., non rogné.

53. **Beroalde de Verville.** Le Moyen de parvenir. Nouvelle édition (augmentée d'une dissertation par Bern. de la Monnoye, et des imitations qui en ont été faites par différents auteurs), 100070057 (*Paris, Grangé*, 1757), 2 vol. pet. in-12, frontispice gravé, v. marb.

54. **Betussi** (Giuseppe). Il Raverta, dialogo nel quale si ragiona d'amore, et de gli effetti suoi. *Vinegia, Gab. Giolito de Ferrari*, 1549, pet. in-8, vél. blanc.

55. **Bibliothèque dramatique de M. de Soleinne.** Catalogue rédigé par P. L. Jacob. *Paris, Alliance des Arts*, 1843-1845, 6 vol. in-8, demi-rel. mar. bleu, tête dor., non rognés.

Exemplaire bien complet, auquel on ajoute le Catalogue de la bibliothèque dramatique de Pont-de-Vesle et la table générale rédigée par Goizet.

56. **Bibliothèque elzévirienne** publiée par P. Jannet. *Paris*, 1855, 32 vol. in-16, cart., non rognés. — 82 —

Contient : Variétés historiques et littéraires, tomes I à VII. — Histoire amoureuse des Gaules, 3 vol. — Racan. Œuvres, 2 vol. — Branthôme, 2 vol. — Dolopathos, 1 vol. — Violier des histoires romaines, 1 vol. — Nouvelles françoises du XIIIe et du XIVe siècle, 2 vol. — Histoire de Corneille, 1 vol. — Villon, 1 vol. — Jean d'Arras Mélusine, 1 vol. — Gaultier Garguille, 1 vol. — Mémoires de Campion, 1 vol. — Jehan de Paris, 1 vol. — Marolles. Le Livre des Peintres, 1 vol. — Mémoires de Mme de Courcelles, 1 vol. — Gérard de Rossillon, 1 vol. — D'Aubigné Les Tragiques, 1 vol. — Hitopadesa, 1 vol. — Evangiles des Quenouilles, 1 vol. — XV Joies du mariage, 1 vol. (2 exemplaires.)

57. **Biographie** des dames de la cour et du faubourg Saint-Germain, par un valet de chambre congédié (Garay de Monglave et C. Piton). *Paris, chez les marchands de nouveautés*, 1826, in-32, mar. rouge, fil. à froid, dent. int., non rogné. — 6 —

58. **Biographie** universelle et historique des femmes célèbres, mortes ou vivantes, qui se sont fait remarquer, dans toutes les nations, par leurs vertus, leur génie, etc., par une société de gens de lettres. Publiée par L. Prudhomme père. *Paris, Lebigre*, 1830, 4 vol. in-8, demi-rel. v. brun, tr. marb. — 4 —

59. **Blanc** (Charles). Le Trésor de la Curiosité, tiré des catalogues de ventes. *Paris, Vve Renouard*, 1857-1858, 2 vol. in-8, brochés. — 10 —

60. **Blason des Armoiries**, auquel est monstrée la manière de laquelle les anciens et modernes ont usé en icelles. Traicté contenant plusieurs escus différens, par le moyen desquels on peut discerner les autres, et dresser ou blasonner les armoiries (par Hierome de Bara). *Paris, chez Nicolas Gilles*, 1597, pet. in-fol., fig., mar. vert, fil. à la Du Seuil, dos et milieux dorés à petits fers. Déchiré — 40 —

61. **Blondel** (Jacques-François). De la Distribution des maisons de plaisance et de la décoration des édifices en général. *Paris, Jombert*, 1737, 2 vol. in-4, fig., v. br. Déchirures — 75 —

62. **Bocangel y Unçueta**. Rimas y prosas, con la fabula de Leandro y Ero. *En Madrid, por Juan Goncalez*, 1627, pet. in-8, vél. — 4 —

63. **Boccaccio**. Il Decamerone di Messer Giovanni Boccaccio, nuovamente stampato et ricorretto per Antonio Brucioli. *Stampato in Venetia, ad instantia di M. Gior. Giolito da Trino*, 1538, in-4, portrait sur le titre, mar. brun, compart., arabesques, branches de feuillages, dos orné, dent. intér., tr. dor. (*Capé.*) — 80 —

64. **Boccacci** (Giovanni). Il Decameron, ricorretto in Roma, et emendato secondo l'ordine del Sacro Conc. di Trento, et riscontrato in Firenze con testi antichi, et alla sua vera lezione ridotto da deputati di loro Alt. Ser. *Firenze, nella stamp. di Filip. e Jac. Giunti, e fratelli*, 1573, in-4, vél. bl. Raccommodages — 1 — fo

Raccommodage au dernier feuillet.

65. **Boccaccio**. Il Decamerone, nuovamente corretto e con diligentia stampato. *Firenze, per li heredi di Philippo di Giunta*, 1527 (*Venise, Pasinello*, 1729), in-4, mar. rouge, fil., milieux dorés à petits fers, dent. int., non rogné. (*Capé.*)

66. **Boccaccio**. Ameto (overo la Comedia delle Nymphe Fiorentine). *Firenze, per gli heredi di Philippo de Giunta*, 1529, in-8 de 104 ff., vél. blanc.

67. **Boileau**. Satires du sieur D***. Seconde édition. *A Paris, chez Louis Billaine*, 1667, pet. in-12, mar. bleu, fil., dos orné, dent. int., tr. dor. (*Capé.*)

68. **Boileau**. Satires du sieur D.... *A Fribourg, suivant la copie de Paris*, 1667, in-12. — La dernière satire du sieur D*** à Monsieur M., docteur de Sorbonne. *A Paris, pour la Compagnie des libraires*, 1668, in-12. — Satire IX du sieur D***. *A Fribourg, suivant la copie de Paris*, 1668, in-12. Ensemble 3 pièces en un vol. in-12, mar. rouge, gardes de papier doré, fil., tr. dor. (*Rel. anc.*)

69. **Boileau**. Satires du sieur D***. *Paris, Louis Billaine*, 1669, pet. in-12. — Epistre au roi du sieur D***. *Paris, Cl. Barbin*, 1672, pet. in-12. Ensemble 2 parties en 1 vol. pet. in-12, mar. violet, tr. dor.

70. **Boileau**. Œuvres diverses du sieur D*** (Despréaux), avec le Traité du sublime ou du merveilleux dans le discours, traduit du grec de Longin. *A Paris, chez la veuve de la Coste*, 1674, in-4, fig., v. br.

Déchirure aux 4 derniers feuillets.

71. **Boileau**. Œuvres diverses du sieur D*** avec le Traité du sublime ou du merveilleux dans le discours, traduit du grec de Longin. *Paris, Denis Thierry*, 1674, in-4, front. de Landry, fig. de Chauveau, dérelié.

72. **Boileau**. Œuvres diverses du sieur D*** (Despréaux), avec le Traité du sublime ou du merveilleux dans le discours, traduit du grec de Longin. *Paris, Claude Barbin*, 1694, 2 vol. in-12, fig., v. fauve, fil., tr. dor.

73. **Boltz** (William). Histoire des conquêtes et de l'administration de la compagnie anglaise au Bengale. *Paris, Michel Lévy*, 1858, pet. in-12, broché.

100 exemplaires.

74. **Bon Advis** et necessaire remonstrance pour le soulagement des pauvres du tiers Estat. *S. l.*, 1588, in-8 de 16 pp., mar. citron, fil. à froid, dent. int.

75. **Bonini** (Filippo Maria). La Donna difesa. All' Illustriss et Eccellentiss. Sig. Pelina Spinola. *In Venetia, appresso li Guerigli*, 1652, pet. in-12, vél. bl.

76. **Bonnardot** (A.). Le Mirouer du Bibliophile parisien, où se voyent au vray le naturel, les ruses et les joyeulz esbattements des fureteurs de vieilz livres. *Paris, imprimé par Guiraudet et Jouaust*, 1848, in-12, demi-rel. mar. citron, dos et coins, non rogné.

77. **Bonnecorse** (de). La Montre, reveue et corrigée. *Paris, Claude Barbin*, 1671, pet. in-12 — La Montre, seconde partie, contenant la Boëte et le Miroir d'Iris. *Paris, Claude Barbin*, 1671, pet. in-12. Ensemble 2 parties en 1 vol. in-12, vél. bl.

78. **Boscan** (Juan). Las Obras y algunas de Garcilasso de la Vega, repartidas en quatro libros. *En Barcelona, en la officina de la viuda Carles Amorosa*, 1554, in-12, dérelié.

79. **Bouchet** (Jehan). Epistres Morales et Familières du Traverseur. *A Poictiers, chez Jacques Bouchet*, 1545, in-fol., mar. brun, dent., dos orné, tr. dor. (*Koehler*.)

Armoiries sur les plats.

80. **Boyceau** (Jacques). Traité du jardinage selon les raisons de la nature et de l'art divisé en trois livres. *A Paris, chez Michel Vanlochon*, 1638, in-fol., pl. vél. blanc.

Texte et 59 planches.

81. **Brant**. Navis stultifera a domino Sebastiano Brant primū edificata... Deinde ab Jacobo Lochero philomuso latinitate donata; et demum ab Jodoco Badio Ascensio vario carminū genere nō sine eorundem familiari explanatione illustrata. (*In fine* :) *Impressum Basilee p. Nicolaū Lamparter*, mcccccvij (1507), *die vero XV mensis Martii*, in-4, caract. goth., fig. en bois, mar. vert, fil. à la Du Seuil, dos orné.

82. **Bref recueil** de l'assassinat commis en la personne du très illustre prince Mgr le prince d'Orange, comte de Nassau, marquis de la Vere, etc., par Jean Jeauregui, Espaignol. *Imprimé à Anvers*, 1582, pet. in-8, demi-rel. v. violet.

83. **Brerewood** (Ed.). Recherches curieuses sur la diversité des langues et religions en toutes les principales parties du monde, mises en françois par I. de la Montagne. *A Saumur, chez Jean Lesnier*, 1662, in-8, vél. bl.

84. **Brice** (Germain). Description de la ville de Paris et de tout ce qu'elle contient de plus remarquable (avec additions de Mariette et de l'abbé Perreau). *Paris, chez les libraires associés*, 1752, 4 vol. in-12, fig., v. brun.

85. **Brulliot** (François). Dictionnaire des monogrammes, marques figurées, lettres initiales, noms abrégés, etc., avec lesquels les peintres, dessinateurs, graveurs et sculpteurs ont désigné leurs noms. *Munich, Cotta*, 1832-1834, 3 vol. in-4, marques et monogrammes, demi-rel. mar. rouge, dos et coins, tête dor., non rognés.

86. **Brunet** (Jacq.-Ch.). Manuel du libraire et de l'amateur de livres. *Paris, Silvestre,* 1842-1844, 5 vol. gr. in-8, demi-rel. mar. rouge, dos et coins, tête dor., non rognés.

87. **Brunet** (J.-Ch.). Notice sur deux anciens romans intitulés les Chroniques de Gargantua, où l'on examine les rapports qui existent entre ces deux ouvrages et le Gargantua de Rabelais, et si la première de ces chroniques n'est pas aussi de l'auteur du Pantagruel. *Paris, Silvestre,* 1834, gr. in-8, demi-rel. mar. bleu, tête dor., non rogné.

L'un des 50 exemplaires tirés sur grand papier vélin.

88. **Brunet** (J.-Ch.). Recherches bibliographiques et critiques sur les éditions originales des cinq livres du roman satirique de Rabelais, et sur les différences de texte qui se font remarquer particulièrement dans le premier livre du Pantagruel et dans le Gargantua. *Paris, Potier,* 1852, gr. in-8, demi-rel. mar. vert, dos et coins, tête dor., non rogné.

89. **Brunet** (G.). Essais d'études bibliographiques sur Rabelais. *Paris, Techener,* 1841, in-8 de 88 pp., demi-rel. mar. bleu, tête dor., non rogné.

Tiré à 60 exemplaires.

90. **Buoni** (Tomaso). Nuovo Thesoro de' Proverbi italiani, ove con brieve espositione si mostra l'origine et l'uso accommodato loro. *In Venetia, presso Gio. Batt. Ciotti,* 1604-1606, 2 parties, pet. in-8, dérelié.

91. **Burty** (Philippe). Chefs-d'œuvre des arts industriels. *Paris; Ducrocq, s. d.*, gr. in-8, avec 200 fig., broché.

92. **Cabinet du roy de France** (le), dans lequel il y a trois perles précieuses d'inestimable valeur, par le moyen desquelles Sa Majesté s'en va le premier monarque du monde, et ses sujets du tout soulagez (par Nic. Barnaud, de Crest en Dauphiné). *S. l.*, 1582, pet. in-8, mar. rouge, fil., tr. dor. (*Rel. anc.*)

Bel exemplaire d'un livre rare.

93. **Cacherat** (Guillaume). Examen et Réfutation d'une prétendue Déclaration publiée sous le nom de François Cloüet, de Rouen, cy-devant nommé Père Basile, prédicateur capucin. Où est vérifiée et maintenuë la vérité de la Religion catholique, apostolique et romaine. Et l'ignorance et malice de Cloüet entièrement découverte. *A Rouen, de l'imprimerie de Laurens Maurry,* 1640, in-8, vél. bl.

94. **Calmo** (Andrea). La piacevole et giocosa comedia intitolata Il Saltuzza, non più venuta in luce, cosa bellissima. *In Vinegia, appresso Stefano de Alessi,* 1551, pet. in-8, vél.

Édition originale.

95. **Calmo** (Andrea). Le bizzare, faconde, et ingeniose rime pescatorie, nelle quali si contengono, Sonetti, Stanze, Capitoli, Madrigali, Epitaphii, Disperate e Canzoni. Et il commento di due Sonetti del Petrarcha, in antiqua materna lingua. *In Vinegia, appresso Iouambattista Bertacagno*, 1553, pet. in-8, cart.

96. **Calmo** (Andrea). La Fiorina, comedia facetissima, giocosa, et piena di piacevole allegrezza. Nuovamente data in luce. *In Vinegia, appresso Iouambattista Bertacagno,* 1553, pet. in-8, vél.

Édition originale.

97. **Calmo** (Andrea). Il Travaglia, comedia nuovamente venuta in luce molto piacevole, et di varie lingue adornata, sotto bellissima inventione. *In Vinegia, appresso Stefano di Alessi*, 1556, pet. in-8, cart.

17 personnages qui parlent le patois vénitien, italo-grec, turc ragusan, bergamasque, trévisan, latin et bergamasco-pédantesque.
Édition originale.

98. **Calmo** (M. Andrea). Le Giocose moderne et facetissime egloghe pastorali, sotto bellissimi concetti, in nuovo sdrucciolo, in lingua materna. *In Vinegia, appresso Iseppo Foresto,* 1558, pet. in-8, cart.

Farces en dialecte vénitien.

99. **Calvin** (J.). Traité des Reliques, ou Advertissement très utile du grād profit qui revient à la chrestienté, s'il se faisoit inventaire de tous les corps Saincts et Reliques, qui sont tāt en Italie qu'en France, Alemagne, Espagne, et autres royaumes et païs. *A Genève, par Pierre de la Rovière*, 1601, in-16, v. fauve, fil., dos orné, dent. int., tr. dor. (*Capé.*)

100. **Camillo** (Giulio). L'Opere, cioè : Discorso in materia del suo theatro. *In Vinegia, appresso Domenico Farri,* 1579, 2 parties en 1 vol. pet. in-12, vél. bl., tr. dor.

101. **Campan** (Mme). Mémoires sur la vie privée de Marie-Antoinette, reine de France et de Navarre, mis en ordre et publiés par Barrière. *Paris, P. Mongie aîné,* 1823, 3 vol. in-8, portrait, demi-rel. mar. vert, tr. jasp.

102. **Cancionero,** llamado Flor de Enamorados, sacado de diversos Autores, agora nuevamente por muy lindo orden y estilo copilado, por Juan de Linares. *Impresso en Barcelona, en casa Sebastian de Cormellas al Call,* 1612, pet. in-12 de 144 ff., mar. rouge, fil., milieu doré, dos orné, dent. int., tr. dor. (*Capé.*)

103. **Cantiques** (les) et très beaux noels nouveaux composez en l'honneur de nostre Sauveur et Redempteur Jesus Christ, et de la très glorieuse sacrée Vierge Marie (par Jean Gahe Apo, Nicolas de Nancel, etc.). *A Tours, de l'imprimerie de la veuve René Siffleau, s. d.* (*vers 1584*), pet. in-12 de 44 pp., mar. rouge, dent. int., tr. dor. (*Duru.*)

104. **Caporali** (Cesare). Rime piacevoli di Cesare Caporali, del Mauro et d'altri auttori. *In Ferrara, appresso Benedetto Mammarello*, 1592, pet. in-12, vél.

105. **Carlo Magno**. Festa teatrale in occasione della nascita del Delphino, offerta alle Sacre Reali Maestà Christianissime del Re, e Regina di Francia, dal cardinale Otthoboni. *In Roma, per Antonio de' Rossi*, 1729, gr. in-4 de 12 ff. et 64 pp., broché.

Frontispice et 13 figures dessinées par Michetti, gravées par Vasconi.

106. **Casa** (Giovanni della). Rime et prose. *Impresse in Vinegia, per Nicolo Bevilacqua*, 1558, in-4, vél. bl.

107. **Casanova de Seingalt** (J.). Mémoires écrits par lui-même. *Leipsic, Brockhaus*, 1826-1838, 12 vol. in-12, demi-rel. v. br., tr. marb.

Les tomes IX à XII sont brochés.
Édition originale.

108. **Catalogue** (le) des livres examinez et censurez par la Faculté de théologie de l'Université de Paris, depuis l'an mil cinq cents quarante et quatre, jusques à l'an présent, mil cinq cents cinquante et un, suyvant l'édict du Roy donné à Chasteau Briant audict an mil cinq cents cinquante et un. *On les vend à Paris par Jehan André* (1551), pet. in-8, mar. rouge, fil., dent. int., tr. dor.

109. **Catalogue** des livres du cabinet de M. G... D... P... (Girardot de Préfond), par G.-F. de Bure. *Paris, G.-F. de Bure*, 1757, in-8, bas. (*Prix manuscrits.*)

110. **Catalogue** des livres imprimés, manuscrits, estampes, dessins et cartes à jouer, composant la bibliothèque de M. C. Leber, avec des notes par le collecteur. *Paris, Techener et Jannet*, 1839-1852, 4 vol. in-8, fig., brochés.

111. **Catalogues** des livres de la bibliothèque de feu M. le chevalier de Charost. *Paris*, 1742, in-8. — du cabinet de M. de Boze. *Paris*, 1753, in-8 (*prix*). — de feu Denis Guyon. *Paris*, 1759, in-8. — de Fevret de Fontette. *Paris*, 1773, in-8 (*prix*). — de Langlès. *Paris*, 1825, in-8. — de Fortia d'Urban. *Paris*, 1844, in-8. — de Villenave, Monteil, Monmerqué, Solar (*prix*), Gilbert, Wolters, Bearzi, Raoul-Rochette, Salmon, etc. Ensemble 15 vol. in-8 demi-rel.

112. **Catalogues** des bibliothèques de Debure, Giraud, Libri, Cuvier, Geoffroy Saint-Hilaire, Feuillet, Auguis, Renouard, Giraud, Duchesne, etc. Ensemble 11 vol. in-8 et in-12, reliés et brochés.

113. **Catalogues** des bibliothèques de Coislin, de Fr. Michel, de Camilly, de Mazzucchelli; des librairies Techener, Potier, des émaux et bijoux du Louvre, etc., etc. Ensemble 10 vol. in-8 et in-12, demi-rel. mar. et brochés.

114. **Catalogue** of the extraordinary collection of splendid manuscripts chiefly upon Vellum in various languages of Europe and the east formed by M. Guglielmo Libri. *London, printed by J. David and sons*, 1859, gr. in-8, fig. et fac-similés. — Catalogue of the mathematical, historical, bibliographical and miscellaneous portion of the celebrated library of M. Guglielmo Libri. *London, printed by J. David and sons*, 1861, 2 vol. gr. in-8. Ensemble 3 vol. gr. in-8, brochés.

115. **Catalogue** des Tableaux du cabinet de M. Crozat, baron de Thiers. *Paris, Debure l'aîné*, 1755, in-8. — Catalogue de tableaux, estampes, dessins, bronzes, figures de marbre, etc., provenant du cabinet de M. L'Argillière. *Paris, Mérigot*, 1765, in-8. — Catalogue des tableaux, estampes, dessins, bronzes, bustes de marbre, etc., provenant du cabinet de M. l'abbé ***. *Paris, Lebrun*. 1765, in-8. Ensemble 3 parties en un vol. in-8, demi-rel. mar. rouge, dos et coins.

116. **Catalogus** librorum bibliothecæ illustr. viri Caroli Henrici comitis de Hoym, digestus et descriptus à Gabriele Martin. *Parisiis, G. et C. Martin*, 1738, in-8, bas. (Prix manuscrit.)

117. **Catullus**, et in eum commentarius M. Antonii Mureti, ab eodem correcti, et scholiis illustrati. Tibullus et Propertius. *Venetiis, Aldus apud Paulum Manutium*, 1558, 3 parties en 1 vol. pet. in-8, demi-rel. mar. rouge.

118. **Cavazzi**. Istorica descrittione de' tre regni Congo, Matamba et Angola situati nell' Etiopia inferiore occidentale, nel presente stile ridotta dal P. Fortunato Alamandini. *In Milano, nelle stampe dell' Agnelli*, 1690, in-4, fig. et cartes, vél.

119. **Celestina**. Tragicomedia de Calisto y Melibea. En la qual se contienen, de mas de su agradable y dulce estilo, muchas sentencias filosofales, y avises muy necessarios para mancebos. *S. l.* (*Anvers*), *en la officina Plantiniano*, 1599, pet. in-12, mar. brun, milieu doré, dent. int., tr. dor. (*Capé*.)

120. **Cellini** (Benvenuto), scultore fiorentino. Due Trattati alle otto principali arti dell' Oreficeria. L'altro in materia dell' Arte della Scultura, dove si veggono infiniti segreti nel lauorar le figure di marmo, ed nel gettarle di bronzo. *In Fiorenza, per Valente Panizzii*, 1568, in-4, lettres ornées, cart.

Édition originale.

121. **Cellini** (Benvenuto). Mémoires écrits par lui-même, et traduits par Léopold Leclanché. *Paris, J. Labitte, s.d.*, in-12, demi-rel. mar. rouge, dos et coins, tète dor., non rogné.

122. **Cellini** (Benvenuto). Œuvres complètes. Traduites par Léopold Leclanché. *Paris, Paulin*, 1847, 2 vol. in-12, brochés.

123. **Cento** Novelle amorose dei signori Accademici incogniti, divise in tre parti. *Venetia, presso li Guerigli*, 1651, in-4, demi-rel. bas.

124. **Centurie** (Première, seconde et troisième) des questions traitées ez conferences du Bureau d'adresse, depuis le 22 jour d'aoust 1633, jusques au 17 janvier 1639. Dédiée à Mgr le Cardinal duc de Richelieu. *A Paris, au Bureau d'Adresse*, 1635-1639, 3 vol. in-4, vél. bl.

125. **Ceriziers** (de). L'Année françoise, ou la première (2e, 3e et 4e) campagne de Louis XIV. *Paris, Ch. Angot*, 1658, pet. in-12. — L'Année françoise, ou la cinquième campagne de Louis XIV. *Paris, Ch. Angot*, 1659, pet. in-12. Ensemble 2 vol. pet. in-12, avec frontispisces de F. Chauveau (portrait équestre de Louis XIV), dérelié.

126. **Cervio** (Vincenzo). Il Trinciante, ampliato, et ridotto a perfettione dal cavalier reale Fusoritto da Narni, con una bellissima aggiunta fatta novamente dall' istesso Cavalier Reale. *In Venetia, appresso gli heredi di Giovanni Varisco*, 1593, in-4, fig., vél. bl.

Les derniers feuillets tachés.

127. **Champfleury**. Histoire de la caricature antique et moderne. *Paris, Dentu*, 1865, 2 vol. in-12, fig., brochés.

Édition originale.

128. **Champlain**. Les Voyages du sieur de Champlain, Xaintongeois, capitaine ordinaire pour le Roy en la marine. Divisez en deux livres, ou Journal très fidèle des observations faites ès descouvertures de la Nouvelle France : tant en la description des terres, costes, rivières, ports, havres, leurs hauteurs, et plusieurs déclinaisons de la guide-aymant, qu'en la creäce des peuples, leur superstition, façon de vivre et de guerroyer, enrichi de quantité de figures. *Paris, Jean Berjon*, 1613, in-4, fig. et cartes, vélin. (*Mouillures.*)

129. **Chanson** de Roland ou de Roncevaux, du XIIe siècle, publiée pour la première fois, d'après le manuscrit de la Bibliothèque Bodléienne à Oxford, par Francisque Michel. *Paris, Silvestre*, 1837, gr. in-8, broché.

130. **Chansonnier** de la montagne (le), ou Recueil de chansons, vaudevilles, pots-pourris et hymnes patriotiques par différents auteurs. *Paris, Fabre, l'an III*, in-18, front. et fig. gravés, demi-rel. mar. bleu, dos et coins, tête dor., non rogné.

131. **Chants** historiques et populaires du temps de Charles VII et de Louis XI, publiés pour la première fois d'après le manuscrit original, avec des notices et une introduction par Le Roux de Lincy. *Paris, Aug. Aubry*, 1857, pet. in-8, cart., non rogné.

132. **Charlatans** célèbres, ou Tableau historique des bateleurs, des baladins, des jongleurs, des bouffons, des escrocs, des devins, des tireurs de cartes, des diseurs de bonne aventure, et généralement

de tous les personnages qui se sont rendus célèbres dans les rues et sur les places publiques de Paris (par J.-B. Gouriet). *Paris, Lerouge*, 1819, 2 vol. in-8, brochés.

133. **Charles II**, roi d'Angleterre, en certain lieu. Comédie très morale en cinq actes très courts, par un disciple de Pythagore (attribuée à L.-Séb. Mercier). *Venise* (*Paris*), 1789, in-8, demi-rel. veau fauve, dos et coins.

134. **Chassant** (L.-Alph.). Dictionnaire des abréviations latines et françaises usitées dans les inscriptions lapidaires et métalliques, les manuscrits et les chartes du moyen âge, du ve au xvie siècle. *Évreux, Cornemillot*, 1846, pet. in-8, texte encadré, fil. à froid, dent. int., tr. dor.

135. **Chéruel** (A.). Dictionnaire historique des institutions, mœurs et coutumes de la France. *Paris, L. Hachette*, 1855, 2 vol. in-12, cuir de Russie, fil., tête dor., non rognés.

136. **Chevalier** (le) françois (par Julien Peleus). *S. l.*, 1606, in-12, titre gravé, avec cette légende *Galli leonibus terrori sunt*, vél. blanc.

137. **Choix de Mazarinades**, publié pour la Société de l'Histoire de France, par C. Moreau. *Paris, J. Renouard*, 1853, 2 vol. gr. in-8, brochés.

138. **Cholières** (sieur de). Les Contes et discours bigarrez, déduits en neuf matinées. *A Paris, par Anthoine du Brueil*, 1610, in-12, mar. rouge, fil., milieu doré, dos orné, dent. int., tr. dor. (*Capé*.)

139. **Ciceronis**. (M. Tullii) Epistolarum familiarum liber primus (libri XVI) incipit ad Lentulum proconsulem. (*In fine*:) MCCCC. LXXI. *Opus... a Nicolao Jenson Gallico viventibus nec non et posteris impressum feliciter finit*, gr. in-4 de 203 ff. à 33 lignes par page, lettres initiales coloriées, mar. bleu, fil., dos orné, tr. dor. (*Rel. anc.*)

140. **Cicquot**. Les Paraboles de Cicquot, en forme d'advis, sur l'estat du Roy de Navarre. *A Paris, jouxte la copie imprimée à Lyon*, 1593, pet. in-8 de 64 pp., mar. brun, fil., dent. int.

Libellé facétieux et fort piquant contre Henri IV ; l'auteur s'y est caché sous le nom de Cicquot, ou Chicot, fou de cour vivant alors.

141. **Claude d'Abbeville**. Histoire de la mission des Pères Capucins en l'isle de Maragnan et terres circonvoisines, où est traicté des singularitez admirables et des mœurs merveilleuses des Indiens habitans de ce païs. *Paris, de l'imprimerie de François Huby*, 1614, in-8, titre gravé, vél. bl.

142. **Clemens V**. Incipiunt constitutiones cum apparatu domini Joannis Andree. — Incipiunt decretales extravagantes, etc. *Venetiis, Nic. Jenson*, 1479, 2 parties en 1 vol. gr. in-fol. caract. goth., cart.

143. **Collection** de poésies, romans, chroniques, etc., publiée d'après d'anciens manuscrits et d'après des éditions des XVe et XVIe siècles. *Paris, Silvestre (de l'imprimerie de Crapelet)*, 1838-1852, 9 vol. in-16, pap. vergé, caract. goth., fig. sur bois, brochés.

Contient : Sensuyvent plusieurs belles chansons composées nouvellement. — Roman de Richart. — Assumption Nostre-Dame. — Les Proverbes communs. — Nativité de Jhesuchrist. — Miracle de Berthe. — Bigorne qui mange tous les hommes. — Mirouer des femmes vertueuses. — Miracle de Nostre-Dame de la marquise de la Gaudine.

144. **Comicorum** græcorum sententiæ, latinis versibus ab Henr. Stephano redditæ et annotationibus illustratæ. *S. l. (Paris), Henr. Steph.*, 1569, pet. in-12, mar. bleu, comp. de fil., dent. int., tr. dor.

145. **Conseils** pour une jeune dame qui entre dans le monde (par le chevalier de la Barre). *Tours, Bully, s. d.*, in-4 de 30 pp. — Satires nouvelles du sieur D*** (de Losme de Monchenay). *Paris, Ch. Osmont*, 1698, in-4 de 11 ff. — Satyre contre les maris, par le sieur R*** T. D. F. (Regnard). *Paris*, 1694, in-4 de 15 pp. — Satire nouvelle contre les femmes, imitée de Juvénal, du sieur D. L*** (Losme de Monchenay). *Paris*, 1698, in-4 de 14 ff. — Satyres nouvelles sur les souhaits des hommes et sur les caprices de la Fortune. *Paris, Vve Mazuel*, 1700, in-4 de 20 pp. — Oraisons funèbres de Mgr le Dauphin et Mgr le duc de Berry. — Ensemble 9 pièces en un vol. in-4, v. m.

146. **Conspiration** (la) faite par les Pères Jésuites de Douay, pour assassiner le prince Maurice d'Orenge (*sic*), conte de Nassau. Avec le portrait racourcy du cousteau à quatre trenchans de l'invention jésuitique. *Suyvant la copie imprimée à Leide*, 1598, pet. in-8 de 16 pp., mar. rouge, fil., dent. int., tr. dor.

147. **Constitution française** présentée au Roi par l'Assemblée Nationale, le 3 septembre 1791 ; acceptée par S. M. le 14 du même mois. *A Paris, de l'imprimerie de Prudhomme*, 1791, in-18, mar. vert, doublé de tabis, fil., tr. dor. (*Rel. anc.*)

148. **Corneille** (P.). Œuvres. *Imprimé à Rouen et se vend à Paris, chez Augustin Courbé*, 1654, 3 vol. pet. in-12, v. br.

Manque le portrait et le frontispice gravé.

149. **Corneille** (Pierre). Œuvres. *Paris, chez Augustin Courbé*, 1657, 3 vol. pet. in-12, front. gravé, avec la date de 1654 et portrait de Corneille par Michel Lasne, dereliés.

Les tomes 2 et 3 portent la date de 1656.

150. **Corneille** (P.). Le Théâtre de P. Corneille, reveu et corrigé par l'autheur. *Imprimé à Rouen et se vend à Paris chez Aug. Courbé et Guillaume de Luyne*, 1660, 3 vol. in-8, frontispices et fig., mar. rouge, fil., dos et milieux dorés, dent. int., tr. dor. (*Capé.*)

On a ajouté à l'exemplaire le portrait de Corneille gravé par Michel Lasne, daté de 1644.

151. **Corneille** (Pierre). La Galerie du Palais, ou l'Amie rivale; comédie. *Paris, Augustin Courbé*, 1637, in-4, dérelié. — 250 —

Édition originale.

152. **Corneille** (Pierre). La Suivante, comédie. *A Paris, chez Augustin Courbé*, 1637, in-4, dérelié. — 200 —

Édition originale.

153. **Corneille** (Pierre). La Place royalle, ou l'Amoureux extravagant, comédie. *A Paris, chez Augustin Courbé*, 1637, in-4, dérelié. — 230 —

Édition originale. — Exemplaire avec témoins.

154. **Corneille** (Pierre). Médée, tragédie. *A Paris, chez François Targa*, 1639, in-4, dérelié. — 130 —

Édition originale.

155. **Corneille** (Pierre). L'Illusion comique, comédie. *A Paris, chez François Targa*, 1639, in-4, dérelié. 1 Double 66 — — 125 —

Édition originale.

156. **Corneille** (Pierre). Le Cid, tragi-comédie. *A Paris, chez Augustin Courbé*, 1644, in-4, dérelié. 1 Double 20 — — 90 —

157. **Corneille** (Pierre). Horace, tragédie. *Paris, Augustin Courbé*, 1641, in-4, front. gravé par Daret d'après Le Brun, dérelié. — 151 —

Édition originale.

158. **Corneille** (Pierre). Cinna, ou la Clémence d'Auguste, tragédie. *Imprimé à Rouen, aux despens de l'autheur et se vendent à Paris, chez Toussainct Quinet*, 1643, in-4, front. gravé, dérelié. — 100 —

Édition originale.

159. **Corneille** (Pierre). Cinna, ou la Clémence d'Auguste, tragédie. *Imprimé à Rouen et se vend à Paris, chez Toussainct Quinet*, 1646, in-4, dérelié. 1 Double court 10 — — 20 —

Seconde édition originale, contenant, de plus que la première, la *Lettre de M. de Balzac à M. Corneille sur le sujet de cette tragédie.*

160. **Corneille** (Pierre). La Mort de Pompée, tragédie. *Paris, Antoine de Sommaville*, 1644, in-4, front. de Chauveau, dérelié. — 129 —

Édition originale. 1 Double 175 —

161. **Corneille** (Pierre). La Suite du Menteur, comédie. *Imprimé à Rouen et se vend à Paris chez Antoine de Sommaville*, 1645, in-4, dérelié. — 40 —

Édition originale.

162. **Corneille** (Pierre). Théodore, vierge et martyre, tragédie chrestienne. *Imprimé à Rouen et se vend à Paris chez Antoine de Sommaville*, 1646, in-4, dérelié. — 55 —

Édition originale.

163. **Corneille** (Pierre). Rodogune, princesse des Parthes, tragédie. *Imprimé à Rouen et se vend à Paris chez Antoine de Sommaville*, 1647, in-4, dérelié.

Édition originale. — Le frontispice manque.

164. **Corneille** (Pierre). Héraclius, empereur d'Orient, tragédie. *Imprimé à Rouen et se vend à Paris chez Augustin Courbé*, 1647, in-4, dérelié.

Édition originale.

165. **Corneille** (Pierre). Héraclius, empereur d'Orient, tragédie. *Imprimé à Rouen et se vend à Paris, chez Toussainct Quinet*, 1647, pet. in-12, dérelié.

Édition originale de ce format.

166. **Corneille** (Pierre). Andromède, tragédie représentée avec les machines sur le Théâtre-Royal de Bourbon. *A Rouen, chez Laurens Maurry*, 1651, pet. in-12, dérelié.

Édition originale de ce format.

167. **Corneille** (Pierre). D. Sanche d'Arragon, comédie héroïque. *Imprimé à Rouen et se vend à Paris chez Augustin Courbé*, 1650, in-4, dérelié.

Édition originale.

168. **Corneille** (Pierre). D. Sanche d'Arragon, comédie héroïque. *A Paris, chez Guillaume de Luyne*, 1653, pet. in-12, dérelié.

169. **Corneille** (Pierre). Nicomède, tragédie. *A Rouen, chez Laurens Maurry*, 1651, in-4, dérelié.

Édition originale.

170. **Corneille** (Pierre). Nicomède, tragédie. *Sur l'imprimé à Paris, chez Ch. de Sercy*, 1652, pet. in-12, dérelié.

171. **Corneille** (Pierre). Pulchérie, comédie héroïque. *A Paris, chez Guillaume de Luyne*, 1673, pet. in-12, dérelié.

Édition originale.

172. **Corneille** (Thomas). Le Feint Astrologue, comédie. *A Rouen, chez Laurens Maurry*, 1651, in-4, dérelié.

Édition originale.

173. **Costumes** et habillements des Turcs, avec quelques-unes de leurs cérémonies. Recueil de 55 figures, in-8, mar. rouge, milieu doré, tr. dor. (*Rel. anc.*)

Recueil contenant 55 dessins coloriés exécutés de 1636 à 1640 et représentant les différents costumes des Turcs.

On y remarque le sultan Amurat IV à cheval et en grand costume de cérémonie.

174. **Courier** (P.-L.). Lettres au rédacteur du Censeur. *Paris, Aimé Comte*, 1820, in-8. — Simple Discours de Paul-Louis, vigneron de

la Chavonnière, à l'occasion de la souscription pour l'acquisition de Chambord. *Paris, les marchands de nouveautés*, 1821, in-8. — Pamphlet des Pamphlets. *Paris, les marchands de nouveautés*, 1824, in-8. — Procès de Paul-Louis Courier, vigneron de la Chavonnière, condamné le 28 août 1821, à l'occasion de son discours sur la souscription de Chambord. *Paris, les marchands de nouveautés*, 1821, in-8. Ensemble 4 plaquettes in-8, mar. brun, fil., dent. int., tr. dor.

175. **Coussemaker** (E. de). Histoire de l'harmonie au moyen âge. *Paris, Didron*, 1852, in-4, *fac-simile*, broché.

176. **Cronica** del muy famoso efforçado e invencible vencedor y nunca vencido cavallero Cid Ruy Diaz Campeador. (A la fin :) *Fenesce la Cronica... que fue impressa en la muy noble villa de Medina del cāpo en la emprēta de Francisco del cāto. Acabose a veynte y quatro dias del mes d'Octubre Año de M. D. lij*, in-fol., caractères gothiques, demi-rel., v. fauve.

Raccommodages au titre.

177. **Daillhière** (le sieur de la). Les Entretiens curieux de Tartuffe et de Rabelais sur les femmes. *A Middelbourg, chez Gilles Horthemels le jeune*, 1688, pet. in-12, mar. bleu, coins dorés, dos orné, tr. cis.

178. **Dancourt**. Les Curieux de Compiègne, comédie. *Paris, P. Ribou*, 1698, pet. in-12. — Le Retour des officiers, comédie. *Paris, P. Ribou*, 1698, pet. in-12. — La Nopce interrompue, comédie. *Paris, P. Ribou*, 1699, pet. in-12. — Le Mary retrouvé, comédie. *Paris, P. Ribou*, 1699, pet. in-12. — Les Fées, comédie. *Paris, P. Ribou*, 1699, pet. in-12. — La Feste de village, comédie. *Paris, P. Ribou*, 1700, pet. in-12. — Les Trois Cousines, comédie. *Paris, P. Ribou*, 1700, pet. in-12. — Colin Maillard, comédie. *Paris, P. Ribou*, 1702, pet. in-12. — L'Opérateur Barry, comédie. *Paris, P. Ribou*, 1702, pet. in-12. — Sancho Pança, gouverneur, comédie en vers. *Paris, P. Ribou*, 1713, pet. in-12. — La Métempsicose, comédie. *Paris, Ribou*, 1718, pet. in-12. — Le Vert-Galant, comédie. *Paris, P. Ribou*, 1714, pet. in-12. — La Déroute du Pharaon, comédie. *Paris, Ribou*, 1718, pet. in-12. — Le Prix de l'arquebuse, comédie. *Paris, P. Ribou*, 1717, pet. in-12. Etc. Ensemble 18 pièces en 4 vol. in-12, avec musique gravée, v. br.

Éditions originales.

179. **Dante**. La Divina Comedia (col commento di Benvenuto da Imola e colla vita di questo poeta scritta da Giov. Boccacio). (*In fine* :) *De Spiera Vendelin fu il stampatore, del mille quattro cento e settanta setti*, in-fol., caractères gothiques, mar. brun, compart. de filets à froid, dent. int., tr. dor. (*Capé*.)

180. **Dante**. La Comedia, col commento di Christophoro Landino. — *Impresso in Firenze per Nicholo di Lorenzo della magna adi xxx. Dagosto* M. CCCC. LXXXI (1481), gr. in-fol., cart.

Incomplet du titre et de quelques feuillets.

181. **Dante.** Convivio di Dante Alighieri Fiorentino. (*Al fine* :) *Impresso in Firenze per ser Francesco Bonaccorsi nel anno mille quatro cento nonanta* (1490), in-4, mar. rouge, compart. et arabesques, dent. int., dos orné, tr. dor. (*Capé*.)

Édition originale.

182. **Dante.** L'Amoroso convivio, con la additione et molti suoi notandi, accuratamente revisto et emendato. (*Nel fine* :) *Impresso in Vinegia per Marchio Sessa nell' anno* 1531, pet. in-8, vél.

Raccommodages.

183. **David.** CL Pseaumes mis en vers françois par Philippes Desportes reveu et corrigé de nouveau. *Paris, de l'imprimerie de Jacques de la Carrière*, 1623, in-12, front. gr., mar. vert, dos et plats fleurdelisés, milieu doré à petits fers, tr. dor. (*Rel. anc.*)

184. **De generibus ebriosorum, et ebrietate vitanda.** Cui adiecimus : De meretricum in suos amatores (autore Jacq. Hortlieb), et concubinarum in Sacerdotes fide (autore Paulo Oleario) : quæstiones salibus et facetiis plenæ, laxandi animi, iocique suscitandi causa, nuper editæ. *Francofurti ad Mœnum*, 1599, in-8, mar. bleu, dent., dos orné, tr. dor.

185. **De la propriété et nature d'aucuns oyseaux.** Avec le sens moral. Le tout curieusement reveu, et remis en son entier. Par un sçavant philosophe, à l'utilité d'un chascun. Avec les figures naïfves d'iceux, nouvellement taillés. *A Paris, par Nicolas Bonfons*, 1584, in-16, mar. rouge, fil., milieu doré, dos orné, dent. int., tr. dor. (*Capé.*)

186. **Delavigne** (Casimir). Marino Faliero. *Paris, Ladvocat*, 1829, in-8, demi-rel. mar. rouge, dos et coins, tête dor., non rogné.

Édition originale.

187. **Délices de la campagne** (les), suite du Jardinier françois, où est enseigné à préparer pour l'usage de la vie tout ce qui croist sur la terre et dans les eaux. Dédié aux dames mesnagères (par Nic. de Bonnefons). *Paris, Estienne Loyson*, 1673, petit in-12, front. gravé, mar. brun, dent., tr. dor.

188. **Denis** (Ferdinand). Histoire de l'ornementation des manuscrits. *Paris, Curmer*, 1858, gr. in-8, fig., broché.

189. **Description de la Cité de Dieu.** Figurée à nostre mère saincte église, assiégée des malheureux héréticques qui se sont levez cõtre elle devers Midi, Oriẽt, Occident et Septentriõ. Avec l'assault des fidelles chrestiens appelez pour deffendre la dite cité. Ensemble aussi la complaincte de la susdite église contre lesdictz Hereticques ennemys de la foy. (A la fin :) *On les vend à Rouen, par Robert et Jehan Dugort frères*, 1550, in-16, fig. sur bois, réglé, mar. rouge, milieux dorés, dos orné, dent. int., tr. dor. (*Petit.*)

190. Description exacte de tout ce qui s'est passé dans les guerres entre le Roy d'Angleterre, le Roy de France, les Estats des Provinces Unies du Pays-Bas, et l'Evesque de Munster, commençant de l'an 1664, et finissant avec la conclusion de la Paix faite à Bréda, en l'an 1667. Avec diverses figures en taille-douce. *Amsterdam, chez Jacques Benjamin*, 1668, in-4, v. br.

191. **Désiré** (Artus). Le Deffensoire de la Foy Chrestienne, contenant en soy le Miroer des Francs Taupins, autrement nommez Lutheriens, nouvellement augmenté et corrigé, oultre les précédentes impressions. *A Rouen, par Robert et Jehan Dugort frères*, 1549, in-16, fig. sur bois, réglé, mar. brun, compart. dorés, dent. int., tr. dor.

192. (**Diderot**). Pensées philosophiques. *A La Haye, aux dépens de la Compagnie*, 1746, in-12, frontispice gravé, mar. vert, fil., non rogné.

193. **Diderot**. Les Bijoux indiscrets. *Au Monomotapa, s. d.* (Paris, 1748), 2 vol. in-12, fig., v. marb., fil.

194. **Digby** (le chevalier). Discours fait en une célèbre assemblée touchant la guérison des playes par la poudre de sympathie. *Jouxte la copie imprimée à Paris, chez Augustin Courbé*, 1666, pet. in-12, dérelié.

195. **Dinouart** (l'abbé). Abrégé de l'embryologie sacrée, ou Traité des devoirs de prêtres, des médecins, des chirurgiens et des sages-femmes envers les enfans qui sont dans le sein de leurs mères. *Paris, Nyon*, 1766, in-12, fig., v. br.

196. **Discours** lamentable sur l'attentat et parricide commis en la personne de tres-heureuse memoire Henri IIII, Roy de France et de Navarre (par Pelletier). *A Orléans, par Saturnin et Laurens les Hotots*, 1610, pet. in-8 de 8 ff., mar. rouge, dent. int., tr. dor.

197. **Discours** merveilleux de la vie, actions et deportemens de Catherine de Medicis, Royne mère. Auquel sont recitez les moyens qu'elle a tenus pour usurper le gouvernement du royaume de France, et ruiner l'estat d'iceluy (attribué à Henri Estienne), *S. l.*, 1575, pet. in-8 de 95 pp., mar. brun. coins et milieux dorés, dent. int., tr. dor. (*Capé.*)

198. **Discours** sur la mort de Henry le Grand, par Jacques de la Fons, Angevin. *Paris, Cl. Morel*, 1610, pet. in-8. — Funèbres cypres dediez à la royne mère du roy, régente en France sur la mort du tres chrestien, tres victorieux et tres auguste monarque Henry IV, roy de France et de Navarre, par D.-F. Champflour. *Paris, J. Libert*, 1610, pet. in-8. — Regrets funèbres sur la mort de Henry IIII, par Ch. de Rœmond, abbé de la Frenade. *Paris, Ch. Sevestre*, 1610, pet. in-8. — Les Regrets de l'armée françoise près Challons, sur la mort

lamentable et inespérée de ce grand roy, leur chef accoustumé et tres invincible monarque Henry IIII. *S. l. n. d.*, pet. in-8. — Les larmes et sanglots de la désolée France sur la perte inestimable du tres-chrestien Henry le Grand. *A Paris, chez Jean du Carroy*, 1610, pet. in-8. — Sermon funèbre fait aux obsèques de Henry IIII, roy de France et de Navarre, le 22 de juin 1610, dans l'église de Saint-Jacques-de-la-Boucherie, par Fr. Jacques Svares, observantin portugays. *Paris, chez Nic. du Fossé*, 1610, pet. in-8. — Discours funèbre à l'honneur de la mémoire, de très clément, invincible et triomphant Henry IIII, roy de France. *A Paris, chez Toussaint du Bray*, 1610, pet. in-8, etc., etc. Ensemble 11 pièces en 1 vol. pet. in-8, vél.

199. **Discours** sur les délicatesses, pompes et magnificences excessives de ce temps. *A Paris, chez la vefve I. de Heuqueville*, 1632, pet. in-8 de 87 pp. mar. bleu, fil. à froid, dent. int., tr. dor.

200. **Discours** véritable des deux dernières conspirations et attentats sur la personne de la royne d'Angleterre, le tout par les moyens des agents d'Espagne et induction des jésuites. *A Paris, chez Guillaume Auvray*, 1595, pet. in-8 de 30 pp., mar. violet, compart., dent. int., tr. dor.

201. **Dictionnaire** des Girouettes, ou Nos contemporains peints d'après eux-mêmes, par une Société de girouettes (par Alexis Eymery), orné d'une figure allégorique. *Paris, A. Eymery*, 1815, in-8, demi-rel. v. brun, tr. jasp.

202. **Dictionnaire** des sciences naturelles par une société de professeurs (et rédigé par Fréd. Cuvier). *Paris, Levrault*, 1816-1830 60 vol. in-8 et 10 vol. de planches. Ensemble 70 vol. in-8, demi-rel. v. bleu, tr. jasp.

203. **Dialogue** d'entre le Maheustre et le Manant : contenant les raisons de leurs débats et questions en ces presens troubles au Royaume de France (attribué à Crucé, l'un des Seize). *S. l.* (*Paris*), 1594, pet. in-8 de 158 ff., mar. rouge, fil., dos orné, tr. dor. (*Rel. anc.*)

204. **Dolce** (Lodovico). La Hecuba, tragedia tratta da Euripide. *In Vinegia, appresso G. Giolito de Ferrari*, 1549, pet. in-12. — Giraldi (Giov.-Batt.). Orbecche, tragedia. *In Vinegia, appresso G. Giolito*, 1551, pet. in-12. — Dolce (L.). Thyeste, tragedia tratta da Seneca. *In Vinegia, appresso G. Giolito*, 1547, pet. in-12. — Cerchi (Giov.-Maria). La Stiava, comedia. *In Vinegia, appresso G. Giolito*, 1550, pet. in-12. — L'Assivolo, comedia. *In Vinegia, appresso G. Giolito*, 1550, pet. in-12. — La Moglie, comedia. *In Vinegia, appresso G. Giolito*, 1550, pet. in-12. — La Dote, comedia. *In Vinegia, appresso G. Giolito*, 1550, pet. in-12. — Grotto (Luigi). La Alteria, comedia nova. *In Venetia, appresso Fabio*, 1587, pet. in-12. Ensemble 8 pièces en 1 vol. pet. in-12, vél.

205. **Domptius** (Fr.). Histoire admirable de la possession et conversion d'une pénitente, séduite par un magicien, la faisant sorcière, au pays de Provence, conduite à la Ste-Baume pour y estre exorcizée, l'an 1610, sous l'authorité du P. Séb. Michælis ... commis par lui aux exorcismes... — Ensemble la Pneumalogie ou Discours des Esprits du susdit P. Michælis. *Paris, Chastelain*, 1613, 3 parties en 1 vol. pet. in-8, vél. bl.

206. **Doni**. La Libraria, nella quale sono scritti tutti gl' Autori vulgari con cento discorsi sopra quelli. *In Vinegia, appresso Giolito de Ferrari*, 1550-1551, 2 parties en 1 vol. pet. in-12, vél.

207. **Dons** (les) des enfans de Latone : la Musique et la Chasse du cerf. Poëmes dédiés au Roy (par J. de Serré de Rieux). *Paris, Pierre Prault*, 1734, in-8, fig., dérelié.

Frontispice gravé par Le Bas, 6 fig. dess. par Oudry, grav. par Le Bas et 50 pl. de musique.

208. **Dorat** (Jean). Martialis Campani, medici burdigalensis, e latronum manibus divinitus liberati, monodio tragica, ad Henricum III... Item Parænesis ad eundem de Juris administratione in meliorem statum restituenda, Joan. Aurato autore. *Parisiis, apud Joannem Bete natum*, 1576, pet. in-8. — Histoire tragique et miraculeuse d'un vol et assassinat commis au païs de Berri, en la personne de M. Martial Deschamps, médecin de l'Université de Paris et de la ville de Bordeaux, escripte par lui-mesme, avec l'arrest du Parlement de Paris sur ce intervenu ; plus contemplation chrestienne contre ceulx qui nient la Providence de Dieu. *Paris, Jehan Bienné*, 1576, pet. in-8. Ensemble 2 pièces en un vol. in-8, v. fauve, fil., tr. dor.

209. **Dor-Mont** (André). La Balance d'Estat, tragi-comédie allégorique. *S. l. n. d.*, in-4 de 4 ff. prél., 102 pp. et 6 ff. non chiffrés, dérelié.

A la fin se trouve : la Clef et l'étymologie de tous les mots allégoriques de cette tragi-comédie, l'explication du sens allégorique, et la Vérité des Proverbes de tous les grands de la Cour.

210. **Douët-d'Arcq** (L.). Comptes de l'argenterie des rois de France au XIVe siècle, publiés, pour la Société de l'Histoire de France, d'après des manuscrits originaux. *Paris, J. Renouard*, 1851, gr. in-8, demi-rel. mar. vert, dos et coins, tête dor., non rogné.

211. **Douhet** (comte de). Dictionnaire des Mystères, ou Collection générale des mystères, moralités, rites figurés et cérémonies singulières ayant un caractère public et un but religieux et moral. *Paris, Migne*, 1854, gr. in-8, demi-rel., mar. bleu, dos et coins, non rogné.

212. **Dugué** (Ferdinand). Les Horizons de la poésie. *Paris, Renduel*, 1836, in-8, broché.

Avec la couverture.

213. **Du Méril** (Edelestand). Origines latines du théâtre moderne. *Paris, Franck*, 1849, gr. in-8, demi-rel. mar. bleu, dos et coins, tr. éb.

214. **Duplessis** (Georges). Catalogue de l'œuvre d'Abraham Bosse. *Paris*, 1859, gr. in-8, demi-rel. mar. citron, dos et coins, non rogné.

Exemplaire interfolié.

215. **Duplessis** (Georges). Histoire de la Gravure en France. *Paris, Rapilly*, 1861, in-8, broché.

216. **Dusouhait.** Discours sur l'attentat à la personne du Roy par Nicole Mignon. *Paris, pour Anthoine du Brueil et Gilles Robinot*, 1600, pet. in-8 de 14 pp. et 1 f. non chiffré, mar. rouge, fil., dent. int., tr. dor.

217. **Duval** (P.). Les XVII provinces où sont les conquestes du Roy, en Hollande et en Flandres. *Paris, chez l'autheur, s. d.*, in-12, cartes grav., v. br.

218. **Éloge** de la Chasse, avec plusieurs avantures surprenantes et agréables qui y sont arrivées (par le chevalier de Mailly). *Paris, Nyon*, 1723, in-12, front. gravé, dérelié.

219. **Éloges** et discours sur la triomphante réception du Roy en sa ville de Paris, après la réduction de La Rochelle (par J.-B. Machaud, jésuite), accompagnez des figures, tant des arcs de triomphe que des autres préparatifs. *A Paris, chez Pierre Rocolet*, 1629, in-fol., fig. d'Abraham Bosse, Melch. Tavernier et P. Firens, vél.

Incomplet de 2 feuillets. Cachet sur le titre et sur le dernier feuillet.

220. **Endlicher** (Stephanus). Catalogus codicum philologicorum latinorum Bibliothecæ Palatinæ Vindobonensis. *Vindobonæ, apud E. Beck*, 1836, gr. in-8, face similés, broché.

221. **Ennuis** des paysans champestres, addressez à la Royne régente. *S. l.*, 1614, pet. in-8 de 6 pp., cart.

222. **Entretiens** (les) des Champs Elizées (par Paul Hay, sieur du Chastelet). *S. l.* (*Paris*), 1631, in-8, v. br.

223. **Épictète.** Manuel, traduit par M. N. (Noël). *Paris, Didot l'aîné et de Bure*, 1782, in-18, mar. rouge, fil., tr. dor. (*Rel. anc.*)

224. **Epistola** magistri Benedicti Passavantii. Responsiva ad commissionem sibi datam a venerabili D. Petro Lyseto. *Lutriviani, apud Ulisses Visc*, 1584, pet. in-12, mar. rouge, fil., tr. dor. (*Rel. anc.*)

Épitre en prose macaronique, attribuée généralement à Th. de Bèze. A la fin du volume se trouve : Complainte de Messire Pierre. Liset sur le irespas de son feu nez.

Mouillures.

225. **Epistolæ** duæ elegantissimæ, quarum prima est Lampredi Crypti, Odoardo Ebrulfo scripta de Libello, etc. *Vitriaci, apud Hu-*

baldum Badidaldum, 1576, pet. in-8. — Libellus de Conscribendis epistolis ex multis ac variis auctoribus magna ex parte excerptus. *Parisiis, apud Joannem Hulpeau*, 1576, pet. in-8. Ensemble 2 pièces en 1 vol. pet. in-8, mar. bleu, comp., tr. dor.

226. **Erasmi** Roterodami Adagiorum chiliades quatuor, cum sesquicenturia. Henrici Stephani animadversiones in Erasmicas quorundam adagiorum expositiones. *Oliva Roberti Stephani*, 1558, in-fol., demi-rel., vél. bl.

Exemplaire contenant quelques notes manuscrites de Paul-Louis Courier.

227. **Erizzo** (Sebastiano). Le sei giornate, mandate in luce da M. Lodovico Dolce. *In Venetia, appresso Giovan Varisco*, 1567, in-4, cart.

228. **Estienne** (Charles). L'Agriculture et Maison rustique. Parachevée premièrement, puis augmentée par M. Jean Liebault, Docteur en médecine. Plus un bref recueil des chasses du Cerf, du Sanglier, du Lièvre, du Regnard, du Blereau, du Connin et du Loup : et de la Fauconnerie. *A Paris, chez Jacques Du-puys*, 1573, in-4, fig., réglé, v. fau. milieu et coins dorés, tr. dor.

229. **Exercice** spirituel, où est enseigné au Chrestien la manière d'employer le jour au service de Dieu, par V. C. P. Reveu, corrigé et augmenté de nouveau. *A Paris, chez Pierre Rocolet*, 1655, pet. in-12, front. par Moncornet, fig. gravées par H. Wierx, mar. vert, fil., dent. int., tr. dor.

230. **Extraict** de l'inventaire qui c'est trouvé dans les coffres de M. le Chevallier de Guise, par Mlle d'Antraige (*sic*) et mis en lumière par M. de Bassompierre. Avec un brief catalogue de toutes les choses passées par plusieurs seigneurs et dames de la court, le tout recherché et escript de la main dudict deffunct et présenté aux amateurs de la vertu. *S. l.*, 1615, pet. in-8 de 15 pp., mar. vert, dent., tr. dor.

231. **Extraits** des statuts, ordonnances et réglements pour le corps et communauté des marchands maîtres ouvriers en draps d'or, d'argent et de soye de la ville et faux-bourgs de Tours. Donnez en 1667. In-4 de 8 pp. — Précis de la cause pendante au Conseil du Roi, pour les corps et communauté des marchands fabricants d'étoffes d'or, argent et soie de la ville de Tours. In-4 de 16 pp. — Mémoire signifié pour les procureurs, gardes, corps et communauté des marchands-fabriquants de la ville de Tours contre les sieurs Jean Tabareau et autres. In-4 de 18 pp. Ensemble 24 pièces, manuscrites et imprimées en un vol. in-4, demi-rel. mar. brun, non rogné.

232. **Falco** (Pierre). Petit Traité contenant une des parties principalles de chirurgie, laquelle les Chirurgiens hernières exercent, etc. *A Lyon, par Antoine Vincent*, 1556, pet. in-8, fig., dérelié.

233. **Fastes** de la République françoise. Ouvrage orné de gravures, d'après les dessins de Monnet. *Paris*, *Louis*, 1793, 2 tomes en 1 vol. in-18, bas.

234. **Fées** (les). Contes des Contes, par Mlle de *** (de Caumont de La Force). *Paris, la compagnie des Libraires*, 1725, in-12, v. br.

235. **Fénelon.** Explication des Maximes des Saints sur la vie intérieure. *Paris, Pierre Aubouin*, 1697, in-12, v. fauve.

Édition originale.

236. **Feuillet de Conches** (F.). Causeries d'un curieux. Tomes I à III. *Paris, Plon*, 1862-1864, 3 vol. gr. in-8, *fac-simile*, brochés.

237. **Fiaschi** (César). Traicté de la manière de bien emboucher, manier et ferrer les chevaux: avec les figures des mors de bride, tours et maniements, et fers qui y sont propres. *Paris, Ch. Perrier*, 1567, in-4, fig. — **Ruse** (Laurent). La Mareschalerie, où sont contenuz remèdes très singuliers contre les maladies des chevaux. Avec plusieurs figures de mors. En laquelle y avons adjousté un autre traicté de remèdes: le tout nouvellement reveu, corrigé et augmenté sus un vieil original. *Paris, chez Ch. Périer*, 1567, in-4, fig. — **Grison** (F.). L'Écuirie du S. Frédéric Grison, gentilhomme napolitain, en laquelle est montré l'ordre et l'art de choisir, dompter, piquer, dresser et manier les chevaux, tant pour l'usage de la guerre qu'autre commodité de l'homme. Avec figures de diverses sortes de mors de bride. N'aguières traduitte d'italien en françois, et nouvellement reveu et augmentée. *Paris, Ch. Périer*, 1568, in-4, fig. — Ensemble 3 parties en 1 vol. in-4, v. br., dos à feuillages, tr. dor.

La Mareschalerie est incomplète des derniers feuillets.

238. **Ficino** (Marsilio). Conseglio contro la pestilentia. *S. l. n. d.*, pet. in-8 de 56 ff., mar. brun, milieu doré, dent. int., tr. dor.

Titre colorié; au verso le portrait de Ficino, également colorié.

239. **Ficino** (Marsilio), Fiorentino filosofo eccellentissimo de le tre Vite, etc. *In Venetia, per Michel Tramezzino*, 1548, petit in-8, vél.

240. **Fiori** (Giovanni de). Amorosa historia de Isabella et Aurelio, da M. Lelio Aletiphilo di lingua castigliana in italico idioma tradotta. *Stampate in Vinegia per Gregorio de Gregori, nel* 1526, pet. in-8, vél.

241. **Firenzuola** (M. Agnolo), Fiorentino. Prose. Ragionamenti amorosi. Epistola in lode delle donne. — Delle bellezze delle donne, etc. *In Fiorenza, appresso Lorenzo Torrentino*, 1552, pet. in-8, vél.

242. **Fleury de Belingen.** Les premiers essais des Proverbes et autres questions curieuses, proposez et exposez en forme de dialogue. *La Haye, Ad. Vlac*, 1653, petit in-12, demi-rel. mar. ch. vert.

Court de marges. — Mouillures. Le feuillet qui doit accompagner la page 49 manque.

243. **Floresta** española de Apotegmas, o sentencias sabia y graciosamente dichas de algunos Españoles. Colegidas per Melchor Santacruz de Dueñas. *Madrid, en la Imprenta real, año* 1657, pet. in-12, bas.

244. **Fontaine** (Charles), Parisien. Ode de l'antiquité et excellence de la ville de Lyon. *A Lyon, par Jean Citoys*, 1557, pet. in-8 de 31 pp., mar. bleu, dent. int., tr. dor.

245. **Fonte** (Moderata) (Modesta Pozzo). Tredici canti del Floridoro. Alli sereniss. gran duca et gran duchessa di Thoscana. *In Venetia, nella stamparia de' Rampazetti*, 1581, in-4, fig., dérelié.

246. **Fortune de la cour** (la). Ouvrage curieux tiré des Mémoires d'un des principaux conseillers du duc d'Alençon frère du roy Henry III (par Pierre de Dampmartin). *A Paris, chez Nicolas de Sercy*, 1642, in-8, dérelié.

247. **Fournier** (Édouard). L'Esprit des autres, recueilli et raconté. *Paris, Dentu*, 1857, pet. in-12, demi-rel. mar. citron, dos et coins, tête dor., non rogné.

248. **Fournier** (Édouard). Histoire du Pont-Neuf. *Paris, Dentu*, 1862, 2 vol. in-12, fig., brochés.

Envoi autographe de l'auteur.

249. **Fournier** (Édouard). La Comédie de La Bruyère. *Paris, Dentu*, 1866, 2 vol. in-12, brochés.

250. **Galichon** (Émile). Albert Dürer. Sa vie et ses œuvres. *Paris, Auguste Aubry*, 1861, in-4, fig., broché.

Exemplaire tiré sur papier de Hollande.

251. **Gamba** (Bartolommeo). Serie degli scritti impressi in dialetto veneziano compilata ed illustrata, giuntevi alcune odi di Orazio tradotte da Pietro Bussolin. *Venezia, tip. di Alvisopoli*, 1832, in-12, cart., non rogné.

252. **Gamba** (Bartolommeo). Bibliografia delle novelle italiane in prosa. *Firenze, tipografia all'insegna di Dante*, 1835, gr. in-8, pap. vélin, portraits, broché.

253. **Gamba da Bassano** (Bartolommeo). Serie dei testi di lingua e di altre opere importanti nella italiana letteratura scritte dal secolo XIV al XIX. *Venezia, co' tipi del Gondoliere*, 1839, gr. in-8, demi-rel. mar. bleu, tête dor., non rogné.

254. **Garnier-Pagès**. Histoire de la Révolution de 1848. *Paris, Pagnerre*, 1861-1862, 8 vol. gr. in-8, portrait, brochés.

255. **Garzoni** (Tomaso). L'Hospidale de' pazzi incurabili, nuovamente formato e posto in luce. *In Venetia, appresso Gio. Battista Somascho*, 1586, in-4, vél. bl.

256. **Garzoni** (Tomaso). La Piazza universale di tutti le professioni del mondo, nuovamente ristampata et posta in luce, con l'aggionta d'alcune bellissime annotationi a discorso per discorso. *In Venetia, appresso Gio. Battista Somasco*, 1589, in-4, vél. bl.

257. **Garzoni** (Tomaso). La Sinagoga de gl' ignoranti, novamente formata, e posta in luce. *In Venetia, appresso Roberto Meietti*, 1601, in-4, vél. bl.

Mouillures.

258. **Gazetier cuirassé** (le), ou Anecdotes scandaleuses de la Cour de France (par Ch. Theveneau de Morande). *S. l., Imprimé à cent lieues de la Bastille, à l'enseigne de la Liberté*, 1777, in-12, front. gravé et 1 fig., v. fauve, fil., dent. int., tr. dor.

259. **Gazette noire** (la), par un homme qui n'est pas blanc; ou Œuvres posthumes du gazetier cuirassé (Ch. Théveneau de Morande). *Imprimé à cent lieues de la Bastille (Londres)*, 1784, in-8, demi-rel. cuir de Russie, dos et coins, tête dor., non rogné.

260. **Gemmæ** antiquitus sculptæ a Petro Stephanonio Vincentino collectæ et declarationibus illustratæ. *Patavii, apud Matthæum Bolzettam de Cadorinis*, 1646, in-4, avec 51 pl. gravées. — Ex antiquis cameorum et gemmæ delineata, liber secundus et ab Enea vico Parmen. incis. In-4 de 34 pl. gravées. Ensemble 2 parties en 1 vol. in-4, mar. rouge, fil., dos orné, tr. dor. (*Rel. anc.*)

Sur le plat de la reliure, le nom de Racine Demonville.
Il manque au premier recueil la planche 31 et la planche 51 est remontée. — Le frontispice du second recueil est aussi remonté.

261. **GERMAIN** (Pierre). Éléments d'orfèvrerie, divisés en deux parties de cinquante feuilles chacune, composez par Pierre Germain, marchand orfèvre-joaillier. *Se vendent à Paris, chez l'auteur, place du Carrousel, à l'Orfèvrerie du Roy*, 1748, 2 parties en 1 vol. in-4, mar. rouge, compart. à la Du Seuil, dos et milieux dorés à petits fers, dent. int., dor. (*Capé.*)

262. **Gersaint** (E.-F.). Catalogue raisonné des différents effets curieux et rares contenus dans le cabinet de feu M. le chevalier de La Roque. *Paris, J. Barois et P.-G. Simon*, 1745, in-12, demi-rel. mar. rouge, dos et coins, non rogné.

263. **Gerzan** (François du Soucy, escuyer, sieur de). Le Triomphe des Dames. *Paris, se vend chez l'autheur*, 1646, in-4. — La Conduite du courtisan. *Paris, Jean Bessin*, 1646, in-4. — La Science des Sages, dédiée à la Reyne. *Paris, Jean Bessin*, 1646, in-4. — Le Projet du plan de la création du monde. *Paris*, 1650, in-4. — L'Art de voyager utilement, où l'on apprend à bien servir son prince, sa patrie et soy-mesme. *Paris, Jean Bessin*, 1650. — Le Parfaict Intendant. *Paris, Jean Bessin*, 1650, in-4. Ensemble 6 pièces en 1 vol. in-4, dérelié.

264. **Gesta** romanoꝝ cū applicatiōibus moralisatis et mysticis. *S. l. n. d.* (*circa* 1488), in-fol. contenant 1 feuillet de titre, 93 ff. chiffrés et 6 ff. de table, caract. goth., dérelié.

265. **Ginguené**. Lettres sur les Confessions de J.-J. Rousseau. *Paris, Barrois l'aîné*, 1791, in-8, demi-rel. mar. citron, dos et coins, tête dor., non rogné.

266. **Giovio** (Paolo). Ragionamento sopra i motti, et disegni d'arme, et d'amore, che communemente chiamano, imprese con un Discorso di Girolamo Ruscelli intorno allo stesso soggetto. *In Venetia, appresso Giordano Ziletti*, in-12, dérelié.

267. **Giraldi Cinthio** (Giovan-Battista). De gli hecatommithi. Parte prima (e seconda). *In Vinegia, appresso Girolamo Scotto*, 1566, 2 tomes en un vol. in-4, demi-rel. cuir de Russie.

Raccommodages.

268. **Giraldi Cinthio** (Giov. Battista). Hecatommithi, overo Cento Novelle, nelle quali, oltre le dilettevoli materie, si conoscono moralità utilissime a gli huomini per il ben vivere; ed per destare altresi l'intelletto alla sagacità. *In Vinegia, appresso Enea de Alaris*, 1574, 2 parties en un vol. in-4, vél. bl.

269. **Girault de Saint-Fargeau** (A.). Bibliographie historique et topographique de la France, ou Catalogue de tous les ouvrages imprimés en français depuis le xve siècle jusqu'au mois d'avril 1845. *Paris, F. Didot*, 1845, in-8, demi-rel. mar. ch. rouge, tête dor., non rogné.

270. **Girofflier aux Dames** (le). Ensemble le dit des sibiles. Epistre de Senèque à Lucille, etc. *Imprimé à Paris par Michel Lenoir, s. d.*, in-4, fig. sur bois, caract. goth., dérelié.

Réimpression faite par Pilinski, en 1861.

271. **Giudici** (Il dottor Cesare). L'Osteria magra. *In Venetia, per Domenico Lovisa*, 1714, in-12, vél. bl.

272. **Giudici** (Cesare). La Bottega de' Chiribizzi. *In Venezia, appresso Dom. Lovisa a Rialto*, 1761, in-12, mar. rouge, fil., non rogné.

273. **Glareano** (Scipio). La Grillaia, curiosita erudite. *In Napoli, per Novello de Bonis*, 1668, pet. in-12, v. fauve, fil., tr. dor. (*Bibolet*.)

274. **Granucci di Lucca** (Nicolò). La piacevol notte, et lieto giorno, opera morale. *In Venetia, appresso Jac. Vidali*, 1574, pet. in-8, vél.

Le bas du titre coupé.

275. **Grevin** (Jaques). Deux livres des venins, ausquels il est amplement discouru des bestes venimeuses, thériaques, poisons et contre-poisons. Ensemble les œuvres de Nicandre, médecin et poëte grec,

traduictes en vers françois. *A Anvers, de l'imprimerie de Christofle Plantin*, 1567-1568, 2 tomes en 1 vol. in-4, fig., vél.

Mouillures.

276. **Guadalajara** (F. Marco de) y Xavierr. Memorable expulsion y justissimo destierro de los Moriscos de España, nuevamente compuesta y ordenada. *En Pamplona, por Nicolas de Assiayn*, 1613, in-4. — Dialogo de consuelo por la expulsion de los Moriscos de España, compuesto y ordenado por Juan Ripol, ciudadano de Çaragoça. *En Pamplono, por Nicolas de Assiayn*, 1613, in-4. Ensemble 2 parties en 1 vol. in-4, vél. bl.

277. **Guérison miraculeuse** (la) de sœur Jeanne des Anges, prieure des religieuses Ursulines de Lodun, par l'onction de sainct Joseph. *A Saumur, par Louis Macé*, 1637, pet. in-8 de 95 pp., vél. bl.

278. **Guet** (le) des bons pères jésuites pour espier les actions des roys et princes chrestiens, sous prétexte d'avancer la Religion Catholique Romaine, en faveur et advancement de la maison d'Austriche, où se voyent les menées, complots, machinations, guerres, meurtres, bouleversements d'Estats et assassinements des Roys. *S. l.*, 1621, pet. in-8 de 23 pp., mar. bleu, fil., dent. int., tr. dor.

279. **Guntherii** poëtæ clarissimi, ligurinus, seu opus de Rebus gestis imp. Cæsaris Friderici I, Aug. Libri X absolutum. — Richardi Bartholini, Perusini Austriados libri XII, cum scholiis Jacobi Spiegellij. *Argentorati, Jo. Schottus*, 1531, in-fol., dérelié.

280. **Guyde** (dit Hégemon). La Colombière et Maison rustique contenant une description des douze Mois, et quatre Saisons de l'année : avec enseignement de ce que le Laboureur doibt faire par chacun mois. L'Abeille françoise du mesme autheur. Ses Fables morales et autres Poésies. Et les Louanges de la vie rustique, extraites des Œuvres de G. de Saluste, sieur du Bartas. *A Paris, chez Robert Le Fizelier*, 1583, pet. in-8, réglé, vél. bl.

Piqûres de vers.

281. **Guzman** (el padre Luis). Historia de las Missiones que han hecho los religiosos de la Compañia de Jesus, para predicar el sancto Evangelio en la India oriental en los Reynos de la China y Japon. *En Alcala, por la Biuda de Juan Gracian*, 1601, 2 vol. in-4, vél.

Le tome 2e est dérelié.

282. **Haenel** (Gustavo). Catalogi librorum manuscriptorum qui in bibliothecis Galliæ, Helvetiæ, Belgii, Britanniæ M., Hispaniæ, Lusitaniæ asservantur. *Lipsiæ, sumtibus J. C. Hinrichs*, 1830, in-4, demi-rel. mar. rouge, dos et coins, non rogné.

283. **Hatin** (Eugène). Les Gazettes de Hollande, et la presse clandestine aux XVIIe et XVIIIe siècles. Eau-forte de Ulm. *Paris, R. Pincebourde*, 1865, in-8, pap. vergé, br.

284. **Hennin.** Les Monuments de l'Histoire de France. Catalogue des productions de la Sculpture, de la Peinture et de la Gravure, relatives à l'histoire de la France et des Français. *Paris, Delion*, 1856-1863, 10 vol. gr. in-8, brochés.

Manque le tome VII.

285. **Henricus VIII.** Assertio septem sacramentorum adversus Mart. Lutherum, cui subnexa est ejusdem Regis epistola, assertionis ipsius contra eundem defensoria. *Parisiis, apud Sebastianum Nivellium*, 1562, in-16, dérelié.

286. **Herberstain** (Sigismondo libero Barone in). Comentari della Moscovia et parimente della Russia, e delle altre cose belle e notabili, tradotti novamente di latino in lingua nostra volgare italiana. *In Venetia, per G. B. Pedrezzano*, 1550, in-4, fig. sur bois et carte, vél. bl.

287. **Hermaphrodites** (les). (L'Isle des Hermaphrodites, nouvellement descouverte. Avec les mœurs, loix, coustume et ordonnances des habitants d'icelle, par Artus Thomas, sieur d'Embry.) *S. l. n. d.* (1605), pet. in-12 de 235 pp., front. gravé sur cuivre. — Discours de Jacophile à Limne (sur le voyage qu'il a faict à Aretipolis, tiré du cabinet de M. de Savignac en sa maison d'Oradour, par de Savignac). *S. l n. d.*, (1605), pet. in-12 de 191 pp. Ensemble 2 tomes en 1 vol. pet. in-12, mar. bleu, fil., tr. dor.

Le premier de ces ouvrages est une satire violente contre Henri III et sa cour. Le frontispice, gravé sur cuivre, représente le roi avec une fraise et une coiffure de femme.

288. **Herone.** Gli Artifitiosi et curiosi moti spiritali, tradotti da M. Gio. Battista Aleotti d'Argenta. Aggiontovi dal medesimo quattro Theoremi. *In Ferrara, per Vittorio Baldini*, 1589, in-4, fig., vél. bl.

Mouillures et petites piqûres de vers.

289. **Het Groote der Dwaasheid**, etc. Grand Tableau de la folie; cause de la naissance, du progrès et de la chute des actions et du commerce aventureux, mis en pratique en 1720, en France, en Angleterre et dans les Pays-Bas, ou recueil de tous les actes et projets de compagnies d'assurances, de navigation, de commerce, etc., tant ceux qui ont été exécutés que ceux qui ont été rejetés par le gouvernement de quelques provinces et représentés par les gravures, les comédies et les vers publiés par plusieurs amateurs, etc. *S. l. (Hollande)*, 1720, in-fol., avec 75 pl., v. br.

Collection de caricatures concernant les opérations financières de Law.

290. **Heures.** Les présentes Heures a lusaige de Rome *furēt acheuez lan Mil* cccc iiii xx xviii (1498) *le XXII jour de Aoust pour Symō Vostre libraire demourāt à Paris à la rue Neuve Nostre-Dame à lenseigne sainct Jehan levangeliste* (nom et marque de Pigouchet sur le titre), pet. in-4, caractères gothiques. almanach de 1488 à 1508, 21 grandes figures, mar. brun, compart. à froid, dent. int., tr. dor. (*Capé.*)

291. **Heures** a lusaige de Baieux, au lōg sans requerir : avec les figures de Lapocalipse : la Vie de Tobie : les hystoires de Judic : les accidents de lhomme : le triumphe de Cesar : les miracles Nostre Dame. Et plusieurs autres belles histoires ont este faictes a Paris pour Simon Vostre (Almanach de 1515 à 1530), in-8, goth. de 120 ff. mar. brun, ornements à froid, dent. int., tr. dor. (*Capé.*)

Exemplaire imprimé sur vélin orné de 18 grandes planches. Les bordures formées de compartiments d'arabesques et de rinceaux sont variées à chaque page. La Danse des morts se compose de 80 sujets.

292. **Heures** nouvelles, tirées de la Sainte Ecriture, écrites et gravées par L. Senault. *Paris, chez l'autheur, s. d.*, in-8, texte entièrement gravé, frontispice et fig., mar. vert, dent. mosaïque de mar. vert et rouge, doublé de tabis, tr. dor.

293. **Histoire** abrégée des Singeries de la Ligue, contenant les folles propositions et frivoles actions, usitées en faveur de l'authorité dicelle, en la ville de Paris, depuis l'an 1590 jusques au 22 du mois de mars 1594, jour de sa réduction à son roy, légitime et naturel, Henri IIII, du nom, roy de France et de Navarre. Avec le pourtraict ou tableau de la tenue des Estats au plus près de la vérité. Le tout extraict des secrettes observations de I. D. L. dict le comte Olivier, très excellent peintre (Jean de la Taille). *S. l.*, 1595, pet. in-8 de 46 pp., demi-rel. v. brun.

294. **Histoire** dramatique, pittoresque et caricaturale de la sainte Russie, commentée et illustrée de 500 magnifiques gravures par Gustave Doré. *Paris, J. Bry, s. d.*, gr. in-8, demi-rel. cuir de Russie, dos et coins, tête dor., non rogné.

Avec la couverture.

295. **Histoire** (l') du tumulte d'Amboise advenu au moys de mars M. D. LX. Ensemble un avertissement et une complainte au peuple françois. *S. l.*, 1560, pet. in-8 de 29 pages, mar. rouge, fil. à la Du Seuil, tr. dor. (*Thouvenin.*)

296. **Histoire** des choses les plus remarquables et admirables, advenues en ce Royaume de France, ès années dernières, 1587-88 et 89, reputées estre vrais miracles de Dieu. Dédiées à Mme Catherine de Lorraine, duchesse douairière de Montpensier. *S. l.*, 1590, pet. in-8, v. marb.

297. **Histoire** des Papes, depuis saint Pierre jusqu'à Benoist XIII inclusivement (par Fr. Bruys). *La Haye, Henri Scheurleer*, 1732, 5 vol. in-4, front. gravé, v. éc.

298. **Histoire** prodigieuse d'un détestable parricide entrepris en la personne du Roy, par Pierre Barrière, dit La Barre, et comme Sa Majesté en fut miraculeusement garentie. *S. l.*, 1594, pet. in-8 de 40 pp. mar. brun, fil. à la Du Seuil, dent. int., tr. dor.

299. **Histoire** très véritable de ce qui est advenu en ceste ville de Paris, depuis le septiesme de mai 1588, jusques au dernier jour de juin ensuyvant audit an. *Paris, Michel Jouin*, 1588, in-12 de 32 pp.— Nouvelle Defaite obtenue sur les troupes de Henry de Valois, dans les faux-bourgs de Tours, le 8 may 1589. *Paris, chez N. Nivelle*, 1589, in-12 de 16 pp. — Discours véritable de ce qui s'est passé dans la ville d'Angoulesme entre les habitans et le duc d'Espernon. *Paris, Vve N. Roffet*, 1588, in-12 de 12 pp.— Déclaration de MM. les habitans de la ville de Thoulouse, avec l'arrest du Parlement de la dicte ville. *Paris, Michel Jouin*, 1589, in-12 de 6 pp. — Remerciement fait au roy par M. l'archevesque de Bourges. *Blois, Jacques Grégoire*, 1588, in-12 de 12 pp. — Edict du Roy sur la réunion de ses subjects à l'Eglise Catholique. *Paris, F. Morel*, 1585, in-12 de 16 pp. — Discours de la deffaicte des Rochelois par M. le duc de Joieuse. *Paris, P. Grisanlai*, 1587, in-12 de 7 pp. — Advertissement et premières escriptures du procès pour MM. les Deputez des provinces du royaume de France, le peuple et les héritiers des defuncts duc et cardinal de Guyse, contre Henry de Vallois, troisiesme de ce nom. *S. l., Denis Binet*, 1589, in-12 de 16 pp. — La Délivrance admirable de la ville de Rennes en Bretaigne d'entre les mains des Politiques et Hérétiques. *Paris, Guillaume Chaudière*, 1589, in-12 de 8 pp.— La Levée et route du siège de la ville d'Orléans avec la prinse de la citadelle, par Mgr le chevalier d'Aumalle. *Paris, Michel Jouin*, 1589, in-12 de 10 pp. — Responce à toutes les calomnies par cy devant imposées à la noblesse de France qui s'est opposée à la tyrannie des ambitieux. *S. l.*, 1586, in-12 de 16 pp. — Harangue au roy tres chrestien faite à Chartres, par Mgr Don Bernardin de Mendoça. *S. l.*, 1588, in-12 de 8 pp. — Remontranse faicte au Roy et à la Royne Mère, par MM. les Cardinaux de Bourbon, de Guyse, assistez de MM. de Guise, de Retz, de Joyeuse, et autres pairs de France. *Paris, jouxte la copie pour Anthoine Sallé*, 1586, in-12 de 23 pp. — La Harangue faicte au Roy, par le prevost des Marchans de ceste ville de Paris, le 17 octobre 1588. *Paris, Michel Jouin*, 1588, in-12 de 6 pp.—La Harangue faicte par le roy Henry troisiesme de France et de Pologne, à l'ouverture de l'assemblée des trois Estats généraux de son royaume. *Jouxte la copie imprimée à Bloys par Jamet Mettayer*, 1588, in-12 de 30 pp. — Seconde requeste faite au Roy par M. l'Archevesque de Bourges, au nom des Estats, pour le soulagement du peuple. *A Paris, par Nic. Frontos*, 1588, in-12 de 12 pp. — Déclaration du Roy par laquelle il veut son édict d'union estre tenu pour loy fondamentale de son royaume. *Paris, par F. Morel*, 1588, in-12 de 8 pp. — Articles remonstrez à Mgr le duc de Mayenne, par M. le Recteur de l'Université de Paris, le 29 novembre 1589. *Paris, G. Chaudière*, 1589, in-12, de 16 pp. —De l'Authorité du roy, et crimes de leze majesté, qui se commettent par lignes, désignation de successeur, et libelles escrits contre la personne et dignité du prince. *S. l.*, 1587, in-12 de 75 pp. Ensemble 20 pièces en 1 vol. in-12 mar. rouge, fil. à la Du Seuil, tr. dor. (*Rel. anc.*) — 120 —

Remboitage.

300. **Hordal** (Joanne). Heroinæ nobilissimæ Joannæ Darc Lotharingæ vulgo Aurelianensis Puellæ historia ; ejusdem mavortiæ virginis innocentia a calumniis vindicata. *Ponti-Mussi, apud Melchiorem Bernardum,* 1612, in-4, avec 2 portraits de Jeanne d'Arc gravés par Léonard Gaultier, vél. bl.

Le titre manque.

301. **HROSVITE OPERA** illustris Virginis et monialis germane gente saxonica orte, nuper a Conrado Celte inventa. (In fine :) Finis operum Hrosvithæ..... Impressum *Norunbergæ sub Privilegio Sodalitatis Celticæ a Senatu Rhomàni Imperii impetrato. Anno Christi Quingentesimo primo suprà Millesimum* (1501), in-fol. avec 7 grandes planches en bois, mar. vert jans., doublé de mar. rouge, large dentelle, tr. dor. (*Duru.*)

302. **Imitation de Jésus-Christ.** Cy commence le Livre tressalutaire intitulé de limitation de nostre Seigneur Jesucrist et du parfaict cōtēpnemēt de ce present miserable mōde lequel a este par aulcuns jusques a present attribué a sainct Bernard ou maistre Jehan Gerson. (*A la fin :*) *Cy finist ce present livre nomme de Imitatione christi et de contēptu mundi. Trāslate de latin en françois. Imprime nouvelemēt à Paris par lā veufve Jehan Trepperel,* (*s. d.*), in-4 de 78 ff. à 2 colonnes, caract. gothiques, mar. bleu doublé de mar. vert, dent. int., tr. dor.

Édition rare.

303. **Imitation de Jésus-Christ,** traduite en vers français par P. Corneille. Livre second. *Rouen, L. Maurry,* 1653, pet. in-12, front. gravé, v. brun.

Édition originale.

304. **Imitation de Jésus-Christ,** traduite et paraphrasée en vers françois, par P. Corneille. *Imprimée à Rouen, par L. Maurry pour Robert Ballard, à Paris,* 1656, in-4, front. et fig. de F. Chauveau, v. brun.

Édition originale des quatre livres réunis.

305. **Isographie** des hommes célèbres, ou Collection de *fac-simile* de lettres autographes et de signatures, exécutée et imprimée par Th. Delarue, lithographe, sous les auspices de MM. Bérard, de Chateaugiron, Duchesne, Trémisot et Berthier. *Paris, Th. Delarue,* 1843, 4 vol. in-4, demi-rel. mar. rouge, dos et coins, tête dor., non rognés.

306. **Jacquemart** (Albert) et **Le Blant** (Edmond). Histoire artistique, industrielle et commerciale de la Porcelaine, accompagnée de recherches sur les sujets et emblèmes qui la décorent, les marques et inscriptions qui font connaître la fabrique d'où elle sort, les variations des prix, etc. *Paris, Techener,* 1861-1862, un tome en 3 parties gr. in-4, figures dessinées et gravées par J. Jacquemart, broché.

307. **Jésuites** (les) démasqués, ou Annales historiques de la Société (par Roussel). *A Cologne, aux dépens de la Compagnie*, 1759, pet. in-12, mar. bleu, fil. à fr.

308. **Joubert de l'Hiberderie.** Le Dessinateur pour les fabriques d'étoffes d'or, d'argent et de soie, avec la traduction de six tables raisonnées, tirées de l'Abecedario Pittorico, imprimé à Naples en 1733. *Paris, Sébastien Jorry*, 1765, in-8, fig., demi-rel. v. fauve, tête dor., non rogné.

309. **Journal des Savants,** 2e série, de l'origine 1816 à 1836 — 1843 à 1846 — 1854 à 1859. *Paris, Imprimerie Royale et Nationale*, 1816-59, ensemble 30 vol. in-4 cartonnés et brochés.

Manque 1836 août et septembre — 1843 octobre — 1846 mai et décembre — 1856 mars.

310. **Journal** historique de Pierre Fayet sur les troubles de la Ligue, publié d'après le manuscrit inédit et autographe, avec des éclaircissements et des notes, par V. Luzarche. *Tours, imprimerie Ladevèze*, 1852, in-12, pap. vergé, broché.

3 exemplaires.

311. **Journée des Madrigaux** (la), suivie de la Gazette de Tendre (avec la carte de Tendre) et du Carnaval des Prétieuses. Introduction et notes par Émile Colombey. *Paris, Aug. Aubry*, 1856, pet. in-8, cart., non rogné.

312. **Justini** historiarum ex Trogo Pompeio libri XLIV, cum notis Isaaci Vossii. *Lugduni Batavorum, ex officina Elzeviriana*, 1640, pet. in-12, titre gravé, mar. bleu, fil., milieu doré, dos orné, dent. int., tr. dor. (*Capé.*)

La première et la plus belle des deux éditions sous cette date.

313. **Juvenalis** (D. Junii). Satyræ omni obscœnitate expurgatæ, cum annotationibus. *Turonibus, apud Philibertum Masson*, 1685, in-12, frontispice gravé, mar. rouge, fil., dos et coins dor., tr. dor. (*Rel. anc.*)

Aux armes de Michel Le Tellier, chancelier de France.

314. **Labarte** (Jules). Description des objets d'art qui composent la collection Debruge-Duménil, précédée d'une Introduction historique. *Paris, V. Didron*, 1847, gr. in-8, fig., demi-rel. mar. bleu, tête dor., non rogné.

315. **Laborde** (comte de). La Renaissance des Arts à la cour de France. Tome Ier, Peinture. — Additions au tome Ier. Peinture. *Paris, L. Potier*, 1850-1855, 2 vol. in-8, brochés.

316. **La Bruyère.** Les Caractères de Théophraste, traduits du grec, avec les Caractères ou les mœurs de ce siècle. Seconde édition. *Paris, chez Estienne Michallet*, 1688, in-12, mar. vert, tr. dor.

317. **La Bruyère.** Les Caractères de Théophraste, traduits du grec, avec les Caractères ou les mœurs de ce siècle. Troisième édition. *A Paris, chez Estienne Michallet*, 1688, in-12, dérelié.

318. **La Bruyère.** Les Caractères de Théophraste, traduits du grec, avec les Caractères ou les mœurs de ce siècle. Quatrième édition. *A Paris*, *Estienne Michallet*, 1689, in-12, mar. bleu, tr. dor.

319. **La Bruyère.** Les Caractères de Théophraste, traduits du grec, avec les Caractères ou les mœurs de ce siècle. Cinquième édition. *A Paris*, *Estienne Michallet*, 1690, in-12, mar. bleu, tr. dor.

320. **La Bruyère.** Les Caractères de Théophraste, traduits du grec, avec les Caractères ou les mœurs de ce siècle. Neuvième édition. *Paris*, *Michallet*, 1696, in-12, v. brun.

321. **La Bruyère.** Les Caractères de Théophraste, traduits du grec, avec les Caractères ou les mœurs de ce siècle. *Paris*, *Estienne Michallet*, 1699, in-12, mar. bleu, dent. int., tr. dor.

322. **La Chaussée** (Nivelle de). La Fausse Antipathie, comédie, avec un Prologue, et la Critique de cette pièce. *Paris*, *Le Breton*, 1735, in-12. — Le Préjugé à la mode, comédie en vers. *Paris*, *Le Breton*, 1735, in-12. — L'École des amis, comédie en vers. *Paris*, *Le Breton*, 1735, in-12. Ensemble 3 pièces en un vol. in-12, v. br.

Éditions originales.

323. **Lacroix** (Paul) et **Seré** (Ferdinand). Le Livre d'or des Métiers. Histoire de l'Orfèvrerie-Joaillerie et des anciennes communautés et confréries d'orfèvres-joailliers de la France et de la Belgique. *Paris*, *Seré*, 1850, gr. in-8, fig. noires et coloriées, demi-rel. mar. citron, dos et coins, tête dor., non rogné.

324. **La Fayette** (Mme de). La Princesse de Montpensier. *Paris*, *Ch. de Sercy*, 1662, pet. in-8, mar. vert, dent. int., tr. dor.

Édition originale.

325. **La Fayette** (Mme la comtesse de). Mémoires de la Cour de France, pour les années 1688 et 1689. *Amsterdam*, *chez J.-F. Bernard*, 1731, in-12, front. gravé, v. br.

326. **LA FONTAINE.** Fables choisies, mises en vers, et par luy reveuës, corrigées et augmentées (IV parties). *Paris*, *D. Thierry et Cl. Barbin*, 1678-1679. — Fables choisies (cinquième partie). *Paris*, *Cl. Barbin*, 1694. Ensemble 5 vol. pet. in-12, fig. de Chauveau, mar. rouge, fil., dos et milieux dorés, dent. int., tr. dor. (*Capé.*)

Première édition complète publiée sous les yeux de l'auteur. Les cinq volumes sont de bonne date.

327. **La Fontaine.** Contes et Nouvelles en vers. *Paris*, *Claude Barbin*, 1669, in-12, mar. rouge, fil., dos et milieux dorés, dent. int., tr. dor. (*Capé.*)

328. **La Fontaine.** Contes et Nouvelles en vers. Troisième partie. *Paris, Cl. Barbin*, 1671, in-12 de 211 pp., v. brun.

Édition originale. — Manque le titre. Piqûres de vers.

329. **La Fontaine**. Poëme du Quinquina, et autres ouvrages en vers. *Paris, D. Thierry et Cl. Barbin*, 1682, in-12, v. brun.

Édition originale de ce recueil qui, indépendamment du *Poëme du quinquina*, renferme la *Matrone d'Éphèse*, *Belphégor*, et les deux opéras de *Galatée* et de *Daphnis*, le tout imprimé pour la première fois.

330. **La Fontaine** et **Champmeslé**. Je vous prens sans verd, comédie. *A Paris, chez Pierre Ribou*, 1699, in-12, mar. rouge, fil. à froid, dent. int.

Édition originale.

331. **La Fontaine** et **Maucroix**. Ouvrages de prose et de poésie. Tome Ier. *Paris, Cl. Barbin*, 1685, in-12, mar. rouge, fil., tr. dor. (*Rel. anc.*)

Tome premier. Incomplet du titre. — Ce volume, très grand de marges, renferme divers ouvrages en vers de La Fontaine qui n'avaient pas encore paru ; 10 fables : *la Folie et l'Amour*, *Daphnis et Alcimadure*, *Philémon et Baucis*, etc., sept contes : *la Clochette*, *le Fleuve Scamandre*, *les Filles de Minée*, etc.

332. **Lalanne** (Lud.) et **H. Bordier**. Dictionnaire des pièces autographes volées aux bibliothèques publiques de la France, précédé d'observations sur le commerce des autographes. *Paris, Panckoucke*, 1851, in-8, demi-rel. cuir de Russie, dos et coins, non rogné.

333. **Lamartine** (A. de). Raphael. Pages de la vingtième année. *Paris, Perrotin et Furne*, 1849, gr. in-8, demi-rel. mar. brun, dos et coins, tête dor., non rogné.

Édition originale.

334. **La Motraye** (Aubry de). Voyages en Europe, Asie et Afrique. *La Haye, T. Johnson et J. Van Duren*, 1727, 2 vol. pet. in-fol., fig., cart., non rognés.

335. **Lando** (Hort.). Varii componimenti nuovamente venuti in luce. *In Venetia, appresso Giolito de Ferrari*, 1555, in-12, vél.

336. **La Noue** (Odet de), seigneur de Téligny. Paradoxe, que les adversitez sont plus nécessaires que les prospérités : Et qu'entre toutes, l'estat d'une estroitte prison est le plus doux et le plus profitable. *A La Rochelle, par Hierosme Haultin*, 1588, pet. in-8, mar. rouge, dent. int., tr. dor.

337. **La Perrière** (Guillaume de). Le Miroir politique, contenant diverses manières de gouverner et policer les Républiques qui sont et ont esté par cy devant. Œuvre non moins utile que nécessaire à tous monarches, rois, princes, seigneurs, magistrats et autres qui ont charge du gouvernement ou administration d'icelles. *Paris*,

pour Robert le Mangnier, 1567, in-8, fig., mar. rouge, compart., dos orné, tr. dor.

338. **Larcher.** Mémoire sur la déesse Vénus. *Paris, Valade*, 1776, in-12, v. rac., tr. dor.

339. **LA ROCHEFOUCAULD.** Réflexions ou Sentences et Maximes morales. *A Paris, chez Claude Barbin*, 1665, pet. in-12, frontispice gravé, mar. bleu, dent. int., tr. dor.

Édition originale.

340. **La Rochefoucauld.** Réflexions ou Sentences et Maximes morales. Cinquième édition, augmentée de plus de cent nouvelles maximes. *Paris, chez Claude Barbin*, 1678, pet. in-12, mar. rouge, fil. à la Du Seuil, milieu doré, dos orné, dent. int., tr. dor. (*Capé.*)

341. **La Rochefoucauld.** Réflexions, Sentences et Maximes morales, mises en nouvel ordre, avec des notes politiques et historiques par Amelot de la Houssaye. *Paris, Et. Ganeau*, 1714, in-12, front. gr., v. fauve, fil., dent. int., tr. dor.

342. **La Rochefoucauld.** Maximes et Réflexions morales (avec une notice sur le caractère et les écrits de La Rochefoucauld, par Suard). *Paris, de l'Imprimerie royale*, 1778, in-8, portrait gravé par Choffard, d'après Petitot, mar. rouge, fil., dos et milieu dorés à petits fers, dent. int., tr. dor. (*Capé.*)

343. **La Rochefoucauld** (Gaëtan de). Cent fables en vers. *Paris, Goujon fils, s. d.* (1800), in-18, demi-rel. v. fauve, tête dor., non rogné. (*Bruyère.*)

344. **La Serre** (Jean Puget de). Les Amours du Roy et de la Reyne, soubs les noms de Jupiter et de Junon. Avec les Magnificences de leurs nopces, ou l'Histoire morale de France, soubs le règne de Louys le Juste et Anne d'Austriche. Le tout enrichi d'un grand nombre de figures. *Paris, Nicolas Bessin*, 1625, in-4, front. de M. Lasne, portrait et curieuses figures, v. br.

345. **La Serre** (de). Le Breviere des Courtisans, enrichy d'un grand nombre de figures. *A Brusselles, chez François Vivien*, 1631, front. et fig., v. fauve, compart., tr. dor.

346. **La Serre** (Puget de). Le Portrait du Roy, présenté à la Reine Mère. Enrichy des portraits de leurs Majestez. *A Paris, chez Denys Langlois*, 1663, in-fol., demi-rel. mar. brun, dos et coins.

Frontispice avec portrait de Louis XIV en médaillon, et portrait d'Anne d'Autriche et de Louis XIV gravés par N. de Larmessin.

347. **Lasphrise** (Marc Papillon, seigneur de). Les Premières Œuvres poétiques du capitaine Lasphrise. A Cesar Monsieur. *Paris, Jean Gesselin*, 1597, pet. in-12, portrait, v. fau.

348. **Le Clerc** (Sébastien). Figures de la Bible. Recueil de 67 pl. gravées. *S. l. n. d.* in-12, obl., v. br.

349. **Le Clerc** (Sébastien). Œuvres choisies, contenant 239 estampes dessinées et gravées par ce célèbre artiste, représentant des Costumes, des Fables, des Paysages et autres objets intéressants. *Paris, Lamy*, 1784, in-4, dérelié.

350. **Le Dix-huit Fructidor,** ou Anniversaire des fêtes directoriales. *A Hambourg*, 1798, in-8, très curieux frontispice gravé, demi-rel. mar. bleu, dos et coins, tête dor., non rogné.

351. **Le Fèvre.** Méthode pour commencer les humanités grecques et latines. *A Saumur, chez René Pean*, 1672, pet. in-12, mar. brun, compart., dent. int., tr. dor.

352. **Le Fèvre.** Calendrier historique et chronologique de l'Eglise de Paris, contenant l'origine des paroisses, abbayes, monastères, prieurés, etc., de Paris, la Prélature parisienne, avec une table alphabétique. *Paris, Claude Hérissant*, 1747, in-12, dérelié.

353. **Légende** (la) des Jésuistes, ou Sommaire recueil des raisons pour lesquelles le peuple de Troyes refuse de recevoir la Société des Jésuistes, extraictes des decretz de la Sorbonne, des remonstrances faictes au Roy par son Parlement de Paris, des Edicts et Arretz, des Histoires de divers Royaumes et de plusieurs bons autheurs. *S. l.*, 1622, pet. in-8 de 29 pp., mar. rouge, fil. à froid, dent. int., tr. dor.

354. **Lemaire** (Jan). Lepistre du Roy à Hector de Troye, et aucunes aultres œuvres assez dignes de veoir. *S. l. n. d.* (marque de Marnef à la fin), in-4 de 23 ff., caract. goth., dérelié.

355. **Lemaire** (Jan). Le Traictie intitulé de la Différence des scismes et des Concilles de leglise et de la preeminence et utilité des concilles. Avec lequel son comprinses plusieurs autres choses curieuses et nouvelles et dignes de scavoir.... avec le Blason des armes des Vénitiens. *S. l.* M. V. centz et XI (1511), in-4 de 40 ff. non chiffrés, caract. goth., fig. sur bois, dérelié.

356. **Le Maire** (Jan). Les Illustrations de Gaule et singularitez de Troye... (premier, second et tiers livres). Avec les deux épistres de Lamant Verd. *Imprimé à Paris, au mois de juillet mil cinq cent et treize pour Geoffroy de Marnef*, in-4, caract. goth., fig. sur bois, dérelié.

Manque le titre du tiers livre.

357. **Le Maire de Belges.** Le Promptuaire des Conciles de leglise catholique, avec les scismes et la différence diceux. *On les vend à Lyon, en la boutique de Romain Morin*, 1533, pet. in-8, fig. sur bois, v. br.

358. **Le Mierre.** La Peinture, poëme en trois chants. *Paris, Le Jay, s. d.* (1769), in-4, fig., broché.

Exemplaire tiré sur papier de Hollande, contenant titre gravé avec portrait de Corneille, par Saint-Aubin, et 3 fig. dess. par Cochin, grav. par Prévost, Ponce et Saint-Aubin.

359. **Le Nain de Tillemont.** Vie de saint Louis, roi de France, publiée par J. de Gaulle. *Paris, J. Renouard*, 1847-1851, 6 vol. gr. in-8, brochés.

360. **Le Roux de Lincy.** Le Livre des Proverbes français, précédé d'un Essai sur la philosophie de Sancho Pança, par Ferdinand Denis. *Paris, Paulin*, 1842, 2 vol. in-12, mar. vert, fil., non rognés.

361. **Lery** (Jean de). Histoire d'un Voyage fait en la terre du Brésil, dite Amérique, contenant la navigation, et choses remarquables veues sur mer par l'autheur. *A Genève, pour Jean Vignon*, 1611, in-8, v. br.

Mouillures et piqûres.

362. **Le Sage.** Les Avantures de Monsieur Robert Chevalier, dit de Beauchêne, capitaine de flibustiers dans la Nouvelle-France. *Paris, Étienne Ganeau*, 1732, 2 vol. in-12, fig. v. br.

363. **Le Salmigondis**, ou le Manège du genre humain (par Béroalde de Verville). *Liège, chez Louis Refort (à la Sphère)*, 1698, pet. in-12, mar. rouge, fil., dos orné, tr. dor. (*Rel. anc.*)

Sous ce titre bizarre se cache le *Moyen de parvenir*. C'est la même édition que le *Coupe-cu de la Mélancolie*.

364. **Lescarbot.** Les Muses de la Nouvelle-France. A Monseigneur le Chancellier. *A Paris, chez Jean Millot*, 1609, in-8, mar. rouge, fil., tr. dor.

365. **Lescure** (de). Les Maîtresses du Régent. Études d'histoire et de mœurs sur le commencement du XVIIIe siècle. *Paris, Dentu*, 1860, in-12, broché.

366. **Le Soldat** bourdelois, ou la misère du païs de Gascongne. Ensemble ce qui s'est passé en la bataille. *Paris*, 1649, in-4 de 11 pp. — Suite du Soldat bordelois. *Paris*, 1649, in-4 de 8 pp. — Relation des dernières nouvelles du siège de la ville de Bordeaux, avec la prise et conservation du fauxbourg Saint-Surin, et Estat de l'armée du Roy. *Paris*, 1650, in-4 de 8 pp. — Relation véritable de ce qui s'est passé à Bourdeaux, à la prise de trois personnes qui ressembloient au cardinal Mazarin, au duc d'Espernon et à la niepce Mancini, et comme elles ont esté bruslées. *Paris*, 1651, in-4 de 8 pp. etc. Ensemble 80 pièces, principalement relatives à Bordeaux et à la Guienne. In-4, vél.

367. **Lettre** de Jacques Bon-Homme, paysan de Beauvoisis. A Messeigneurs les Princes retirez de la Cour. *A Paris, jouxte la copie impri-*

mée par Jean Brunet, 1614, pet. in-8, demi-rel. mar. bleu, dos et coins.

368. **Lettres** de Mme la Marquise de Villars, ambassadrice en Espagne, dans le tems du mariage de Charles II, roi d'Espagne, avec la princesse Marie-Louise d'Orléans, fille de Monsieur, frère unique de Louis XIV, et de Henriette-Anne d'Angleterre, sa première femme. *Amsterdam et se trouve à Paris, chez Michel Lambert*, 1762, in-12, mar. citron, fil. à froid, dent. int., tr. dor. — 9 —

369. **L'Homme** de Ruel au Roy. *A Paris, jouxte la coppie imprimée par Jean Sara*, 1617, pet. in-8 de 8 pp., demi-rel. mar. bleu, dos et coins. 1 —

370. **LIBER PSALMORUM** cum aliquot Canticis et Hymnis ecclesiasticis. *A Paris, chez Jamet Mettayer imprimeur du Roy*, 1587, in-12, maroq. brun, compart., arabesques, fers à froid. 1700 —

Exemplaire tiré sur peau de vélin, aux armes du roi Henri III portant sur le dos de la reliure la tête de mort, les armes de France et la devise : *Spes mea Deus*. Sur les plats les saintes Femmes au pied de la croix.

371. **Liburnio** (Nicolo). Elegantissime sentenze et aurei detti de diversi eccellentissimi antiqui savi cosi Greci, come Latini... *In Venetia, appresso Gabriel Giolito di Ferrarii*, 1543, pet. in-8, dérelié. Retiré...

372. **Linocier** (Geofroy). L'Histoire des plantes, traduicte de latin (de Du Pinet) en françois : Avec leurs pourtraicts, noms, etc., à laquelle sont adjoustées celles des simples aromatiques, animaux à quatre pieds, oiseaux, poissons, etc. *Paris, Guillaume Macé*, 1619, in-16, fig. réglé, mar. rouge, dent., milieu doré, tr. dor. — 21 —

373. **Linscotani** (Johannis Hugonis). Navigatio ac itinerarium in orientalem sive Lusitanorum Indiam, collecta omnia ac descripta belgice, nunc latine reddita. *Hagæ Comitis, ex officinâ Alberti Henrici, impensis authoris et Cornelii Nicolai*, 1599, in-fol., fig. — Descriptio totius Guineæ, tractus, Congi, Angolæ, et Monomotapæ, eorumque locorum, quæ regione C. S. Augustini in Brasilia jacent. *Hagæ Comitis, ex officinâ Alberti Henrici*, 1599, in-fol., fig. Ensemble 2 parties en 1 vol., in-fol., cartes et fig., dérelié. — 5 —

374. **Littré** (E.). Histoire de la langue française. *Paris, Didier*, 1863, 2 vol. in-8, brochés. — 5 —

375. **Lois XI**. Le Rozier des guerres, pour Mgr le Dauphin Charles son fils. Mis en lumière sur le manuscrit trouvé au chasteau de Nérac, dans le cabinet du Roy, par le Sr président d'Espagnet. *Paris, Nicolas Buon*, 1616, in-8, réglé, v. br. — 1 —

376. **Lopez de Mendoça**. Proverbios. La obra lo qual todo va con sus glosas y corrigido y emendado de nuevo. *En Anvers, en casa de Martin Nucio*, 1594, pet. in-12, v. br. 8 —

377. **Loredano** (Gio. Francesco). Bizzarrie academiche. *In Venetia, presso Giacomo Sarzina*, 1638, in-4, cart.

378. **Loret.** La Muze historique, ou recueil des lettres en vers contenant les nouvelles du temps écrites à S. A. Mademoiselle de Longueville (depuis le 4 may 1650 jusqu'au 27 décembre 1653 et du 4 janvier au 27 décembre 1659). *Paris, Ch. Chenault*, 1658-1659, 3 vol. in-fol., front. gr., v. br.

Contient Livre premier 32 lettres. Livre second 52 lettres. Livre troisième 52 lettres (manque la 28e). Livre quatrième 48 lettres. Livre dixième 51 lettres. Portrait de Loret gravé par Nanteuil. Sur la garde du premier volume dix vers. Envoi autographe de Loret à M. Bouchot.

379. **Loriquet** (le P.). Supplément à l'Histoire de France, depuis la mort de Louis XVI jusqu'à l'an 1816, par A. M. D. G***. *Paris, à la Société typographique*, 1816, mar. rouge, fil. à froid, dent. int., tr. dor.

380. **Loyauté** (la) conscientieuse des Taverniers. Avec l'honneste reception et belle chère des hostes et hostesses. Le tout cõposé par l'autheur de ce présent livre. *A Paris, par Nicolas Buffet*, 1550, in-16, réglé, mar. brun, milieux dorés, dos orné, dent. int., tr. dor. (*Petit.*)

381. **Lucien** (Œuvres), de la traduction de N. Perrot, Sr d'Ablancourt. *Paris, Aug. Courbé*, 1660, in-12, front. gr., mar. bleu, dent. int., tr. dor.

Première partie, contenant les Dialogues.

382. **Luxan de Sayavedra.** Segunda parte de la vida del picaro Guzman de Alfarache. *En Brucellas, por Roger Velpius*, 1604, in-8, vél. bl.

383. **Luzarche** (Victor). La Chape de saint Maxime, ou saint Mexme de Chinon. Seconde édition, augmentée d'une Réponse à Ch. Lenormant. *Tours, imprimerie de J. Bouserez*, 1853, br. gr. in-8.

1 exemplaire sur papier vergé, 3 exemplaires sur papier de couleur.

384. **Machiavelli.** Tutte le opere. (*Senza luogo e nome di stampatore*) 1550, 5 tomes en 3 vol. in-4, fig., mar. vert, doublé de mar. rouge, dent., tr. dor.

Contient : Historie. — Il Principe. — Discorsi sopra la prima deca di T. Livio. — I sette libri dell' Arte della Guerra. — L'Asino d'oro con tutte l'altre sue operette.

385. **Magagno.** La prima parte de le Rime di Magagno, Menon, e Begotto. In lingua rustica Padouana : con molte additioni di nuovo aggiontovi ; corrette e ristampate. Et co 'l primo canto di M. Lodovico Ariosto nuovamente tradotto. *In Venetia, appresso Gregorio Donato*, 1584, in-8, mar. bleu, compart. de fil. coins dorés, tr. dor.

386. **Maillard** (Olivier). L'Instructiõ et Cõsolacion de la vie contemplative. (*A la fin :*) *A lonneur de la benoiste trinite de paradis a este*

acheve ce petit livre nomme l'instruction et contemplation de la vie contemplative pour Anthoine Verard, libraire, demourãt sur le põt Nostre-Dame, *s. d.* (avant 1500), pet. in-4, caract. goth., fig. sur bois, dérelié.

387. **Mairet.** L'Athénais, tragi-comédie. *A Paris, chez Jonas de Bréquigny*, 1642, in-4, vignette sur le titre, dérelié.

Édition originale.

388. **Mairet.** La Sidonie, tragi-comédie héroïque, dédiée à madame de Hautefort. *Paris, Ant. de Sommaville*, *s. d.* (1643), in-4, dérelié.

389. **Manuel** des Franches Maçonnes, ou la Vraie Maçonnerie d'adoption; précédée de quelques réflexions sur les loges irrégulières et sur la société civile, avec des notes critiques et philosophiques : et suivie de cantiques maçonniques; dédiée aux dames. Par un chevalier de tous les ordres maçonniques (L. Guillemain de Saint-Victor). *A Philadelphie, chez Philarèthe*, 1787, in-18, bas.

390. **Margeret** (le capitaine). Estat de l'empire de Russie, et grande duché de Moscovie. Avec ce qui s'est passé de plus mémorable et tragique, pendant le regne de quatre empereurs, à sçavoir depuis l'an 1590, jusques en l'an 1606, en septembre. *A Paris, chez Jacques Langlois fils*, 1669, pet. in-12, mar. brun, compart., dent. int., tr. dor.

391. **Marguerite de Valois**, reine de France et de Navarre. Mémoires, auxquels on a ajouté son éloge, celui de M. de Bussy et la Fortune de la cour. *A Liège, chez J.-F. Broncart* (*Bruxelles, Foppens*), 1713, petit in-8, portrait, dérelié.

392. **Marie Stuart.** Lettres, instructions et mémoires, publiés sur les originaux et les manuscrits du State Paper Office de Londres, et accompagnés d'un résumé chronologique par le prince Alexandre Labanoff. — Lettres de Marie Stuart, publiées avec sommaires, traductions, etc., par A. Teulet. *Paris, Plon et Firmin Didot*, 1852-1859, 8 vol. in-8, brochés.

393. **Marin Negro Venetiano.** La Pace, comedia non meno piacevole che ridicolosa. *In Venetia, per Gio. Antonio Zuliani et Vergilio Cerutto*, 1592, pet. in-8, cart.

394. **Marivaux.** La Fausse suivante, ou le Fourbe puny, comédie en trois actes. *Paris, Briasson*, 1729, in-12. — Arlequin poli par l'amour, comédie. *Paris, Vve Guillaume*, 1723, in-12. (Edition originale.) — La Surprise de l'amour, comédie. *Paris, Flahaut*, 1728, in-12. Ensemble 3 pièces en un vol. in-12, mar. rouge, fil., dos orné, tr. dor. (*Rel. anc.*)

Aux armes du roi Louis XV.

395. **MAROT** (Clément). Ladolescence Clementine autrement les Œuvres de Cl. Marot, composées en laage de Son Adolescence

avec la complaincte sur le trespas de feu messire Florimond Robertet..... le tout reveu, corrigé et mis en bon ordre. *On les vend à Paris, devant lesglise Saincte Geneviefve des Ardens à l'enseigne du Faulcheur.* (A la fin :) *Ce présent livre fut achevé d'imprimer le XII jour de Febvrier l'an MD XXXII pour Pierre Roffet par maistre Geofroy Tory de Bourges.* In-8, de 118 feuillets.—La Suite de l'Adolescence Clementine dont le contenu s'ensuyt : les Elegies de l'autheur, les Epistres différentes, les Chantz divers, le Cymetiere et le Menu. *On les vend à Paris, en la rue neufve Nostre Dame devant l'esglise Saincte Geneviefve des Ardens à l'enseigne du Faulcheur. S. d.* (*veuve de P. Roffet*, 1532), in-8 de 3 ff. prélim. et 126 ff. de texte. Ensemble 2 parties en 1 vol. in-8, lettres rondes, mar. bleu, compart., dos orné, tr. dor. (*Capé.*)

396. **MAROT** (Clément). Les Œuvres, desquelles le contenu sensuyt: Ladolescence Clementine, la Suytte de ladolescence. Deux livres dEpigrammes bien augmentées. Le premier livre de la Metamorphose d'Ovide. Le tout par luy aultrement et mieux ordonné que par cy devant. La Mort ny mord. *Paris, pour Anthoine Bonnemere, demourant à lhostel dAlbret*, 1534, pet. in-8, fig. sur bois, mar. vert, fil., dos orné, dent. int., tr. dor. (*Duru.*)

Raccommodages.

397. **Marot** (Clément). (Œuvres.) *A Lyon, par Jean de Tournes*, 1579, in-16, v. br.

398. **Marot** (Clément). Les Œuvres. Reveues et augmentées de nouveau. *A La Haye, chez Moetjens*, 1700, 2 vol. pet. in-12, dérelíés.

399. **Martialis** (M. Val.) Epigrammaton libri XII. Xeniorum liber I. — Apophoretorum liber I. Omnia emendata et scholiis illustrata ab Hadriano Junio. *Antuerpiæ, ex officina Chr. Plantini*, 1579, pet. in-12, réglé, mar. bleu, fil. à la Du Seuil, dent. int., tr. dor.

400. **Matthaei Brouërii de Niedek** jurisconsulti de populorum veterum ac recentiorum Adorationibus dissertatio. Cum figuris æneis. *Amstelædami, Joh. Oosterwyk*, 1713, pet. in-8, fig., v. fauve, fil., tr. dor. (*Derome.*)

401. **Maupas du Tour** (Henry de). La Vie du vénérable serviteur de Dieu François de Sales, evesque et prince de Genève, fondateur des Religieuses de la Visitation de Sainte-Marie. *Paris, S. Huré et F. Léonard*, 1657, in-4, front. et figures de F. Chauveau, v. br.

402. **Maurile de S. Michel** (le P.). Voyage des Isles camercanes en l'Amérique, qui font partie des Indes Occidentales. Avec l'établissement des RR. PP. Carmes. Reformez de la province de Touraine esdites isles : Et un discours de leur ordre. *Le Mans, chez Hierôme Olivier*, 1652, in-8, vél. bl.

403. **Maynard** (François). Le Philandre. *Paris, Mathurin Hénault*, 1623, pet. in-12, dérelié.

404. **Mazarinades** publiées de 1649 à 1652, 165 pièces in-4, contenant : Les Mestiers de la Cour. — La Viole violée ou le violon démanché. — Consolation de la petite Nichon à M. le prince de Condé. — Le Caquet des marchandes poissonnières et harangères des halles sur la maladie du duc de Beaufort, soupçonné de poison. — La Pucelle de Paris triomphant des injustes prétentions d'un Italien par la force de ses arrêts. — Les justes plaintes de la crosse et de la mitre du coadjuteur de Paris, portant par force le deuil de Madame de Rhodez sa sœur d'amitié. — L'illustre conquérante ou la généreuse constance de Mme de Chevreuse. — Le Trique-trac de la cour. — Le Mercure infernal. — La Vérité nue. — La Pierre de Touche aux Mazarins. — Le Journal funèbre de Mme la princesse douairière de Condé. — L'Aristarque d'Estat. — Apologie des Frondeurs. — Plaintes burlesques du secrétaire extravagant, etc., etc.

405. **Meaume** (Édouard). Recherches sur la vie et les ouvrages de Jacques Callot. Suite au Peintre-graveur français de M. Robert-Dumesnil. *Paris, Vve Renouard*, 1860, 2 vol. in-8, fac-similés, brochés.

406. **Mémoires** curieux envoyés de Madrid : Sur les festes ou combats de taureaux. Sur le serment de fidélité qu'on preste solemnellement aux successeurs de la Couronne d'Espagne. Sur le mariage des Infantes. Sur les proverbes, les mœurs, les maximes et le génie de la nation espagnole. *Paris, chez Fr. Léonard*, 1670, pet. in-12, demi-rel. v. brun.

407. **Mémoires** D. M. L. D. M. (Mme la duchesse Mazarin, Hortense Mancini). *Cologne (Hollande), Pierre du Marteau*, 1675, pet. in-12, mar. bleu, fil., tr. dor.

408. **Mémoires** de Monsieur Du N*** (Du Noyer), écrits par lui-même. Ouvrage curieux. *A Paris, chez Jérôme Sincère*, 1713, pet. in-12, front. gravé, mar. vert, dent. int.

409. **Mémoires** de François de Paule de Clermont, marquis de Montglat, contenant l'Histoire de la guerre entre la France et la Maison d'Autriche sous les règnes de Louis XIII et de Louis XIV, depuis la déclaration de la guerre en 1635, jusqu'à la paix des Pyrénées en 1660. *Amsterdam*, 1727, 4 vol. in-12, v. br.

410. **Mémoires** et Négociations secrettes de la cour de Savoye, contenant les relations que M. Phelippeaux, ambassadeur de France à Turin, a écrites au Roy son maître, depuis le 2 octobre 1703 jusqu'au tems de son échange le 21 mai 1704. Avec une lettre de S. M. T. C. et autres Mémoires au sujet de la présente guerre d'Italie. *A Basle, chez L. Rigaut*, 1705, pet. in-12, mar. rouge, fil., tr. dor.

411. **Mémoires** pour servir à l'histoire de l'Académie royale de Peinture et de Sculpture, depuis 1648 jusqu'en 1664, publiés pour la première fois par A. de Montaiglon. *Paris, P. Jannet*, 1853, 2 vol. in-16, brochés.

412. **Menestrier** (le P.). L'Art du blason justifié. *A Lyon, chez Benoist Coral*, 1661, pet. in-12, fig., dérelié.

413. **Méray** (Antony). Les Libres prêcheurs devanciers de Luther et de Rabelais. *Paris, Claudin*, 1860, in-12, broché.

414. **Mercurii Trismegisti** liber de potestate et sapientia Dei per Marsilium Ficinum traductus : Ad Cosmum Medicem. *Venetiis, per Damianum de Mediolano*, 1493, in-4, cart., non rogné.

415. **Merlini Cocaii** poetæ Mantuani, opus Macaronicorum, totum in pristinam formam per me magistrum Aquarium Lodolam optime redactum. *Tusculani, apud lacum Benacensem, Alexander Paganinus*, 1521, in-16, fig. sur bois, vél.

416. **Méry** (C. de). Histoire générale des proverbes, adages, sentences, apophthegmes, dérivés des mœurs, des usages, de l'esprit et de la morale des peuples anciens et modernes. *Paris, Delongchamps*, 1828-1829, 3 vol. in-8, demi-rel. bas.

417. **Messie** (Pierre). Les Diverses Leçons de Pierre Messie, gentilhomme de Sévile. Mises de castillan en françois par Cl. Gruget, Parisien. Avec sept dialogues de l'autheur, dont les quatre derniers ont esté de nouveau traduicts en cette quatriesme édition. Plus la suite de celles d'Antoine du Verdier, S. de Vauprivaz, augmentée d'un septiesme livre. *A Tournon, par Claude Michel*, 1609, pet. in-8, v. fauve, tr. m.

418. **Meursii** (Joannis) Elegantiæ latini sermonis, seu Aloisia Sigæa Toletana De arcanis Amoris et Veneris. Adjunctis Fragmentis quibusdam Eroticis. *Londini* (*Paris, Cazin*), 1781, 2 vol. in-18, v. éc., tr. dor.

Titre gravé portant la date de 1774, frontispice dessiné par *Cheraux*, gravé par *C. Duponchele*.

419. **Miracles** arrivé par les prières de la Sainte Vierge, en la personne d'une demoiselle de la ville d'Angers (Gilles-Elys-Marie Le Gauffre), le 7 juin 1623. *A Saumur, par René Hernault*, 1623, in-8 de 7 pp., demi-rel. mar. bleu, dos et coins, non rogné.

420. **Miroir** (le) du temps passé, à l'usage du présent. A tous bons pères religieux et vrais catholiques non passionnez.

La Transmontaine Faction
A fait par subtil monopole
Du manteau de Religion
Une Roupille à l'Espagnole.

S. l., 1625, pet. in-8 de 67 pp. et 4 ff. limin., mar. rouge, dent. int., tr. dor.

421. **Molé** (Mathieu). Mémoires, publiés, pour la Société de l'histoire de France, par Aimé Champollion-Figeac. *Paris, J. Renouard*, 1855-1857, 4 vol. gr. in-8, brochés.

422. **MOLIÈRE. ŒUVRES.** *A Paris, chez Claude Barbin et Jean Guignard fils*, 1666, 2 vol. petit in-12, frontispices gravés, mar. brun, fil. à la Du Seuil, dent. int., tr. dor. (*Petit.*)

Édition précieuse, la première du Théâtre de Molière avec une pagination suivie. Elle contient : *l'Étourdi, le Dépit amoureux, les Précieuses ridicules, Sganarelle, l'École des maris, les Fâcheux, l'École des femmes, la Critique de l'École des femmes, les Plaisirs de l'isle enchantée.*

Les frontispices gravés représentent : le premier, le buste de Molière, près duquel sont accoudés Mascarille et Sganarelle; le second, Molière et sa femme couronnés par Thalie.

423. **Molière.** Œuvres. *Paris, Denys Thierry et Cl. Barbin*, 1676, 7 vol. in-12, v. brun.

Le tome VII contenant *le Malade imaginaire* et *l'Ombre de Molière*, par Brecourt, est daté de 1675.

424. **Molière.** Œuvres, reveues, corrigées et augmentées (publiées par Vinot et La Grange). *Paris, D. Thierry, Cl. Barbin et P. Trabouillet*, 1682, 8 vol. in-12, fig. de Brissart, gr. par Sauvé, v. br.

Première édition complète des Œuvres de Molière. — Différence dans la reliure.

425. **Molière** (J.-B. P.), L'Estourdy, ou les Contre-Temps, comédie. Représentée sur le Théâtre du Palais-Royal. *A Paris, chez Gabriel Quinet*, 1663, in-12, mar. rouge, fil., dos et milieux dorés, dent. int., tr. dor. (*Capé.*)

Édition originale.

426. **Molière** (J.-B. P.). L'Escole des Femmes, comédie. *A Paris, chez Guillaume de Luyne*, 1663, in-12, frontispice de F. Chauveau, mar. rouge, fil., dos et milieux dorés, dent. int., tr. dor. (*Capé.*)

Édition originale.

427. **Molière** (J.-B. P.). La Critique de l'Escole des Femmes, comédie. *A Paris, chez Guillaume de Luyne*, 1663, in-12, mar. rouge, fil., dos et milieux dorés, dent. int., tr. dor. (*Capé.*)

Édition originale.

428. **Molière** (J.-B. P.). Dépit amoureux, comédie, représentée sur le théâtre du Palais-Royal. *A Paris, chez Gabriel Quinet*, 1663, in-12, mar. rouge, fil., milieux dorés, dos orné, dent. int., tr. dor. (*Capé.*)

Édition originale.

429. **Molière** (J.-B. P. de). Amphitryon, comédie. *A Paris, chez Jean Ribou*, 1668, in-12, mar. rouge, fil., dos et milieux dorés, dent. int., tr. dor. (*Capé.*)

Édition originale. Raccommodages aux premiers feuillets.

430. **Molière.** Le Divertissement de Chambord, meslé de comédie, de musique et d'entrées de balet. *A Blois, par Jules Hotot*, 1669, in-4 de 13 pp., mar. brun, fil., dos et milieux dorés, dent. int., tr. dor. (*Capé.*)

Ce Divertissement se compose des Intermèdes de la comédie *Monsieur de Pourceaugnac.*

431. **Molière.** Lettre sur la Comédie de l'Imposteur. *S. l.*, 1667, pet. in-12 de 4 ff. prél. et de 124 pp., mar. bleu, fil. à froid, dent. int., tr. dor.

Édition originale.

432. **Molinet** (le P. C. du). Figures des différents habits des chanoines réguliers en ce siècle. Avec un Discours sur les habits anciens et modernes des chanoines tant séculiers que réguliers. *A Paris, chez Siméon Piget*, 1666, in-4, fig., dérelié.

433. **Monnier** (Henry). Scènes populaires dessinées à la plume. *Paris, Dumont*, 1836-1839, 4 vol. in-8, fig., brochés.

Cachets sur les titres.

434. **Monselet** (Charles). Histoire du Tribunal révolutionnaire (17 août — 29 novembre 1792). *Paris, Giraud et Dagneau*, 1853, in-12, broché.

Édition originale.

435. **Monselet** (Charles). Rétif de la Bretonne. Sa vie et ses amours. Documents inédits; ses malheurs, sa vieillesse et sa mort. Catalogue complet et détaillé de ses ouvrages, suivi de quelques extraits. *Paris, Alvarès*, 1854, in-12, pap. vergé, portrait gravé, demi-rel. mar. vert, dos et coins, tête dor., non rogné.

436. **Monstrelet** (Enguerran de). La Chronique, en deux livres, avec pièces justificatives, publiée par L. Douët-d'Arcq. Tomes I et II. *Paris, Vve Renouard*, 1857-1858, 2 vol. gr. in-8, brochés.

437. **Montaigne.** Les Essais de Michel, seigneur de Montaigne. Édition nouvelle. Exactement corrigée selon le vray exemplaire. Avecque la vie de l'autheur. *Paris, chez Jean Camusat*, 1635, in-fol., frontispice avec portrait, mar. rouge, fil. à la Du Seuil, dos orné, dent. int., tr. dor.

438. **Montaigne.** Les Essais. Nouvelle édition, selon le vray original. *Amsterdam, chez Antoine Michiels* (*Bruxelles, Fr. Foppens*), 1659, 3 vol. in-12, portrait gravé par P. Clouwet, v. br.

439. **Montand** (Nic. de), Le Miroir des François, compris en trois livres, contenant l'état et le maniement des affaires de France, tant de la justice que de la police. *S. l.*, 1582, in-8, vél.

Timbre sur le titre et mouillures.

440. **Monteil** (Amans-Alexis). Traité de matériaux manuscrits de divers genres d'histoire. *Paris, Duverger*, 1836, 2 vol. in-8, demi-rel. mar. bleu, tête dor., non rognés.

441. **Montesquieu.** Le Temple de Gnide. *A Parme, impr. par Bodoni*, 1799, in-12, cart., non rogné.

442. **Montrésor** (de). Mémoires. Diverses pièces durant le ministère du cardinal de Richelieu. Relation de M. de Fontrailles, etc. *A Leyde, chez Jean Sambix* (*Hollande, Elzev.*). *à la Sphère*, 1665, 2 vol. pet. in-12, dereliés.

443. **Morand** (Jean). La Vie et les miracles de saint Morand, confesseur religieux de l'ordre de saint Benoist, en l'abbaye de Cluny. *Paris, Guillaumme Sassier*, 1662, in-8, portrait gravé, v. br.

444. **Moreau** (C.). Bibliographie des Mazarinades; publiée par la Société de l'Histoire de France. *Paris, J. Renouard*, 1850-1851, 3 vol. gr. in-8, demi-rel. mar. vert, dos et coins, tête dor., non rognés.

445. **Moreau** de Saint-Méry. De la Danse. *A Parme, imprimé par Bodoni*, 1803, pet. in-8, cart., non rogné.

446. **Mori da Ceno** (Ascanio de'). Ragionamento, in lode delle donne. *In Mantova, per Francesco Osanna, s, d.*, in-4 de 10 ff., cart.

447. **Morice** (Émile). Histoire de la mise en scène, depuis les Mystères jusqu'au Cid. *Paris, Librairie française*, 1836, in-12, mar. vert, fil., tr. éb.

448. **Moulinet** (de). Histoire comique de Francion, en laquelle sont descouvertes les plus subtiles finesses et trompeuses inventions, tant des hommes que des femmes, de toutes sortes de conditions et d'aages. *A Paris, chez Pierre Billaine*, 1623, in-8, vél. bl.

Petites piqûres et mouillures.

449. **Nesii** (Johannis) Florentini Oraculum de novo sæculo, ad Johannem Franciscum Picum Mirandulam illustrem concordiæ principem. (*In fine* :) *Impressit ex archetypo Ser Laurentius de Morgianis Anno salutis*, M CCCC L XXXX VII, *Florentiæ*, in-4, de 28 ff. — Epistola respõsiva a fratre Hieronymo da Ferrare dell' ordine de fratri predicatori da lamico suo. *S. l. n. d.*, in-4 de 8 ff. Ensemble 2 parties en un vol. in-4, mar. brun, ornements à froid, dent. int., tr. dor.

450. **Nicolas** (Augustin). Si la torture est un moyen seur a vérifier les crimes secrets; dissertation morale et juridique par laquelle il est amplement traitté des abus qui se commettent partout en l'instruction des procès criminels. *Amsterdam, Ab. Wolfgang*, 1681, pet. in-8, vél. bl.

451. **Nodier** (Ch.). Notices bibliographiques, extraites du Bulletin du

Bibliophile. *Paris, Techener*, 1834-1835, in-8, demi-rel. mar. violet, non rogné.

Recueil contenant 21 notices.

452. **Nodier** (Ch.). Description raisonnée d'une jolie collection de livres (Nouveaux Mélanges tirés d'une petite bibliothèque). *Paris, Techener*, 1844, in-8, v. fauve, fil., dent. int., tr. dor. (*Simier*.)

453. **Nobilta** (della) et eccellenza delle donne, dalla lingua francese nella italiana tradotto, con una oratione di M. Alessandro Piccolomini in lode delle medesime. *Vinegia, appresso Giolito de Ferrari*, 1549, in-8. — Le Imagini della signora donna Giovanna, Aragona. Dialogo di M. Giuseppe Betussi. *In Venetia, per G. de' Rossi*, 1557, in-8. Ensemble 2 parties en un vol. in-8, vél. bl.

Petits raccommodages.

454. **Notizia de' Novellieri** italiani posseduti dal conte Anton.-Maria Borromeo, gentiluomo padovano, con alcune Novelle inedite. *Bassano*, 1794, gr. in-8, pap. vergé, demi rel. mar. rouge, dos et coins, tête dor., non rogné.

455. **Nouveau Panurge** (le). Avec sa navigation en l'Isle imaginaire; son rajeunissement en icelle; et le voyage que fist son esprit en l'autre monde, pendant le rajeunissement de son corps. Ensemble une exacte observation des merveilles par lui veues, tant en ce monde qu'en l'autre. *A Lyon, jouxte la copie imprimée à la Rochelle*, 1616, in-16, vél. blanc.

Satire contre la Réformation, remplie de plaisanteries grossières, d'obscénités et de profanations de l'Écriture Sainte. — On l'attribue à Guill. Reboul.

456. **Nouveau Recueil** de Poésies des plus célèbres autheurs du temps. *Paris, Louis Chamhoudry*, 1653-1654, 2 parties en 1 vol. pet. in-12, v. br.

457. **Numerus** et **Tituli** Cardinalium, archiepiscoporum et episcoporum Christianorum. Taxæ et valor beneficiorum regni Galliæ cum taxis cancellariæ apostolicæ, necnon sacræ pœnitentiariæ itidem apostolicæ... (*Parisiis*), *apud Galeotum à Prato*, 1533, in-16, mar. bleu, fil., (dent. int., tr. dor. (*Capé*.)

458. **Numerus** et **Tituli** cardinalium, archiepiscoporum et episcoporum Christianorum. Taxæ et valor beneficiorum regni Galliæ cum taxis cancellariæ apostolicæ... *Parisiis, apud Galeotum à Prato*, 1545, in-16, v. fauve, fil., tr. dor.

459. **Odde de Triors, Dauphynois** (C.). Le Bannissement et adieu des Ministres des Huguenotz, sur le départ du pays de France. Où est contenu le piteux despart du ministre de Castanet. *A Paris, chez Jean Ruelle*, 1573, pet. in-8 de 4 ff., mar. bleu, fil. à froid, tr. dor.

Pièce en vers de toute rareté.

460. **Office de la semaine sainte** à l'usage de la Maison du Roy. Avec les cérémonies de l'église. *Paris, de l'imprimerie de J. Collombat*, 1726, pet. in-12, mar. rouge, fil., tr. dor.

Aux armes de la reine Marie Leczinska.

461. **Office de la semaine sainte**, à l'usage de Rome et de Paris avec l'explication des cérémonies de l'église par l'abbé de Bellegarde. *Paris, de l'imprimerie de Jacques Collombat*, 1732, gr. in-8, fig. gravées par Scotin d'après Humblot, réglé, mar. rouge, compart., arabesques, dorure en plein, dos orné, tr. dor.

Aux armes du Roi.

462. **Office de Pâques**, ou de la Résurrection. Accompagné de la notation musicale et suivi d'hymnes et de séquences inédites. Publié pour la première fois d'après un manuscrit du XIIe siècle, de la bibliothèque de Tours, par V. Luzarche. *Tours, imprimerie de J. Bouserez*, 1856, gr. in-8, demi-rel. mar. rouge, dos orné et coins, tête dor., non rogné. (*Capé.*)

Exemplaire tiré sur grand papier chamois.

463. **Office de Pâques**, ou de la Résurrection, accompagné de la notation musicale et suivi d'hymnes et de séquences inédites. Publié pour la première fois, d'après un manuscrit du XIIe siècle de la bibliothèque de Tours, par Victor Luzarche. *Tours, imprimerie de Bouserez*, 1856, gr. in-8, broché.

43 Exemplaires.

464. **Olhagaray** (Pierre). Histoire des comptes (*sic*) de Foix, Béarn et Navarre, diligemment recueillie tant des précédens historiens que des Archives desdites maisons. *A Paris*, 1629, in-4, vél.

465. **Opera** singularissima del Cortegiano in brevita redutta nuovamente per il nobil Scipio Claudio, aprucese. *S. l.*, 1539, pet. in-8 de 16 ff., vél.

466. **Operetta** nella quale si contengono Proverbij, Sententiæ, Detti. et modi di ragionare, che hoggidi da tutto huomo nel commune parlar d'Italia si usano. *S. l. n. d.*, pet. in-8 de 24 pp., dérelié.

467. **Oracolo** della renovatione della Chiesa, secondo la dottrina del Reverendo P. F. Hieronimo Savonarola da Ferrara, dell' ordine de predicatori : per lui predicata in Firenza. *In Venetia, al segno del Pozzo, per Bernardino de Bendoni*, 1543, pet. in-8, portrait de Savonarole sur le titre, dérelié.

468. **Ovidii** Nasonis Pub. Metamorphoseon libri XV. Cum indice fabularum locupletissimo. *Lugduni, apud Seb. Gryphium*, 1543, in-8, mar. brun, plats dorés, tr. dor.

Exemplaire de Canevarius, médecin du pape Urbain VIII, avec son emblème : *Apollon sur son char gravissant le Parnasse.*

Timbre sur le titre. Le dos est restauré.

469. **Pagan** (Blaise-François, comte de). Relation historique et géographique de la grande rivière des Amazones dans l'Amérique. Extraicte de divers autheurs, et reduitte en meilleure forme. Avec la carte de la même rivière et de ses provinces. *A Paris, chez Cardin Besongne*, 1656, in-8, v. brun.

470. **Païsan françois** (le). Au Roy et à Monseigneur le Dauphin. *S. l. n. d.*, in-8 de 282 pp. et 2 ff. pliés, mar. rouge, fil., coins et milieux, dorure à petits fers, dos orné, tr. dor. (*Rel. anc.*)

471. **Palazzi** (Gio.). Compendio della comedia di Dante Alighieri, divisa in tre parti : Inferno, Purgatorio, Paradiso, per la filosofia morale, adornata con bellissime figure, e geroglifici. *Venetia, appresso Girolamo Albrizzi*, 1696, in-8, demi-rel. mar. brun, dos et coins, tr. jasp.

472. **Panofka**. Recherches sur les véritables noms des vases grecs et sur leurs différens usages. *Paris, Debure frères*, 1829, in-fol., cart., non rogné.

473. **Parabosco** (Gieronimo). I Diporti, ritocchi, megliorati, et aggiunti secondo l'originale dell' auttore. *In Venetia, appresso Ant. Ricciardi*, 1607, pet. in-8, vél.

474. **Paradoxes**, ou les Opinions renversées de la pluspart des hommes. Livre non moins profitable que facétieux, par le docteur Incognu. *Rouen, J. Caillouë*, 1638, in-12, fig. sur le titre, v. br.

Ce sont les *Paradoxes* imités de l'italien par Ch. Estienne, mais dont le style a été rajeuni et auxquels ont été ajoutés les paradoxes XXVII et XXVIII : *La Folie cause de la génération des hommes* et *Que la vraye richesse consiste en vertu et en contentement*.

475. **Paré** (Ambroise), conseiller et premier chirurgien du Roy. Discours. A sçavoir : De la Mumie, des Venins, de la Licorne et de la Peste. *A Paris, chez Gabriel Buon*, 1584, in-4, fig. sur bois. — Réplique d'Ambroise Paré, à la Response faicte contre son Discours de la Licorne. *A Paris, chez Gabriel Buon*, 1584, in-4. Ensemble 2 parties en 1 vol. in-4, dérelié.

476. **Paris** (Paulin). Les Manuscrits françois de la Bibliothèque du Roi; leur histoire et celle des textes allemands, hollandois, italiens, espagnols de la même collection. *Paris, Techener*, 1836-1845, 6 vol. in-8, demi-rel. mar. bleu, tête dor., non rognés.

477. **Pascal** (Blaise). Les Provinciales, ou les Lettres écrites par Louis de Montalte à un provincial de ses amis et aux R R. P P. Jésuites sur le sujet de la Morale et de la Politique de ces Pères. *A Cologne, chez Pierre de la Vallée*, 1657, in-4, v. br.

Édition originale. — On a ajouté à l'exemplaire : Advis de MM. les Curez de Paris à MM. les Curez des autres diocèses de France. *Paris*, 1656, in 4. — Lettre d'un curé de Rouen à un curé de la campagne sur le procédé des curez de la dite ville. *Paris*, 1656, in-4. — Lettre de M. Arnauld, docteur de Sorbonne, à une personne de condition sur ce qui est arrivé depuis peu, dans une paroisse de Paris, à un seigneur de la cour. *Paris*, 1657, in-4. — Seconde lettre de M. Arnauld, docteur de Sorbonne, pour servir de réponse à plusieurs escrits. *Paris*, 1657, etc., etc. Ensemble 8 pièces in-4.

478. **Pascal** (Bl.). Les Provinciales, ou les Lettres escrites à un provincial par un de ses amis et aux révérends pères jésuites sur le sujet de la morale et de la politique de ces pères. *S. l. n. d.* (1656-1657), in-4, mar. bleu, jans., dent. int., tr. dor. (*Capé.*)

Édition originale des 18 lettres publiées du 23 janvier 1656 au 24 mars 1657.

479. **Pascal**. Les Provinciales, ou les Lettres escrites par Louis de Montalte à un provincial de ses amis et aux RR. PP. Jésuites : sur le sujet de la Morale et de la Politique de ces pères. *A Cologne, chés Pierre de la Vallée* (*Amsterdam, Louis et Daniel Elsevier*), 1657, pet. in-12, mar. rouge, jans., dent. int., tr. dor. (*Capé.*)

Première édition sous cette date.

480. **Passavant** (J.-D.). Le Peintre-Graveur. Tomes I à III. *Leipsic, Rudolph Weigel*, 1860-1862, 3 vol. gr. in-8, portrait, marques et monogrammes, brochés.

481. **Passavant** (J.-D.). Raphaël d'Urbin et son père Giovanni Santi. Édition française, refaite, corrigée et considérablement augmentée par l'auteur. *Paris, Renouard*, 1860, 2 vol. gr. in-8, brochés.

482. **Passional Christi** und Antichristi. (*A la fin :*) *Nembt allsso vor gutt Es wird baldt besser werden. S. l. n. d.* (*Wittemberg, vers* 1521), in-4 de 14 ff., bordure au titre et 26 figures sur bois gravées d'après les dessins de Lucas Cranach, mar. rouge, fil. à la Du Seuil, dent. int., tr. dor.

Première édition.

483. **Patria**. La France ancienne et moderne, morale et matérielle, par F. Bourquelot, Léon Lanne, Ch. Louandre, P. Régnier, Ch. Vergé, etc. *Paris, Dubochet*, 1847, 2 vol. in-12, fig., mar. rouge, fil. à froid, tête dor., non rognés.

484. **Pensées** de Jean-Paul (Richter), extraites de tous ses ouvrages, par le traducteur des *Suédois à Prague* (le marquis Augustin Lagrange). *Paris, F. Didot*, 1829, in-18, demi-rel. mar. violet, dos et coins, tr. éb.

485. **Petrarcha** (Il), con l'espositione d'Alessandro Vellutello e con piu utili cose in di versi luoghi di quella novissimamente da lui aggiunte. *Stampate in Vinegia per Maestro Bernardino de Vidali Venetiano, anno* 1532, in-8, mar. brun, fil.

486. **Phædri**, Fabulæ. Additæ sunt Notæ, et Animadversiones Tanaquilli Fabri. *Salmurii, apud Danielem de Lerpinière*, 1657, pet. in-4, mar. rouge, fil., tr. dor. (*Rel. anc.*)

487. **Pictorius.** Les sept Dialogues, traictans de la manière de contregarder la santé par le moyen des six choses que les médecins appellent non naturelles; ausquels est adiousté un autant utile que délectable Dialogue de Plutarque intitulé de l'industrie des animaux tant de l'eau que de la terre. Le tout fait françois par Arnault Pasquet de la Rocheffoucault. *Paris, Gilles Gourbin*, 1557, pet. in-8, dérelié.

488. **Pietro da Luca** (Il padre). Dottrina del ben morire : con molte utile resolutioni di alcuni belli dubii theologici. *S. l.*, 1540, pet. in-8, fig. sur bois. — Di messer Bernardino Fattorio, nobile Pesarino, consolatoria in la morte de la sua cara nepote Giovannina. *In Venetia, per Nicolo detto Zoppino*, 1540, pet. in-8 de 4 ff.

489. **Plaisante** (la) et délectable Histoire de Gerileon d'Angleterre. Contenant ses hauts faicts d'armes, et chevaleureuses proüesses, avec les amours d'iceluy, et plusieurs memorables adventures. Nouvellement mis en françois par Estienne de Maison-neufve, Bordelois. *A Lyon, par Pierre Rigaud*, 1602, pet. in-12, mar. bleu, dentelle, dos orné, tr. dor.

Aux armes du comte d'Hoym. Mouillures.

490. **Poille** (Jacques). Œuvres divisées en onze livres : Rome en sept livres, la Grèce en un livre, les Barbares, les Grands Roys, les Grands Seigneurs, les derniers Hérésiarques, en un livre. L'Icare françois en deux livres. *A Paris, chez Th. Blaise*, 1623, in-8, cuir de Russie, dent., tr. dor. (*Rel. anc.*)

Exemplaire provenant de la bibliothèque de Jamet, avec sa signature et 4 lignes de sa main.

491. **Poissenot** (Bénigne). L'Esté, contenant trois Journées, où sont déduites plusieurs Histoires, et propos récréatifs tenus par trois Escoliers. Avec un traité paradoxique fait en Dialogue, auquel est monstré qu'il vaut mieux estre en adversité qu'en prospérité. *A Paris, chez Claude Micard*, 1583, in-16, v. fauve, fil.

492. **Polyonimo Syngrapheo.** Schola Apitiana, ex optimis quibusdam authoribus diligenter ac noviter constructa. Accessere dialogi aliquot D. Erasmi Rotedorami, et alia que dã lectu iucundissima. *Venеunt Antuerpiæ in ædibus Joannis Steelsii*, 1535, pet. in-8, mar. rouge, dos orné, dent. int., tr. dor. (*Capé.*)

493. **Pontano** (Petro) cæco Brugensi Duplicis Computi ecclesiastici, ac philosophici Delectanea, duobus erempta libris. *S. l. n. d.* (*Lut. Parios.*), *Vænundantur in Barranis ædibus* (*Nicol. de la Barre*), in-4, fig., mar. rouge, milieu doré, dent. int., tr. dor. (*Capé.*)

494. **Pragmatique Sanction** (la), contenant les décrets du concile national de l'Eglise gallicane, assemblée en la ville de Bourges, au règne du roy Charles septiesme. *A Paris, par Vincent Sertenas*, 1561, pet. in-8, vél. bl.

495. **Prévost** (l'abbé). Aventures du chevalier des Grieux et de Manon Lescaut. *A Londres, chez les frères Constant*, 1734, in-12., front. gr., mar. brun, fil., dent. int., tr. dor.

496. **Prima** (seconda, terza e quarta) raccolta di bellissime canzonette musicali, e moderne, di autori gravissimi nella poesia e nella musica per il sig. Remigio Romano. *In Pavia, appresso G. B. de Rossi*, 1625, 4 parties en 1 vol. pet. in-12, vél.

497. **Propos** dorez sur l'authorité tyrannique de Cocino Florentin, marquis d'Ancre, mareschal de Frãce, et prétendant la Royauté, par l'anéantissement de tous les princes, grands Seigneurs et Officiers du Royaume et de la Maison de Bourbon. Pery misérablement par la juste fureur de Dieu et la sagesse admirable du Roy et par la main fidèle du sieur de Vitry. *A Maillet, de l'imprimerie de Jean Moussac*, 1617, pet. in-8 de 38 pp., demi-rel. mar. bleu, dos et coins.

498. **Putherbei** (Gabrielis) Turonici Theotimus, sive de tollendis et expurgandis malis libris, iis præcipue quos vix incolumi fide ac pietate plerique legere queant, libri tres. *Parisiis, J. Roigny*, 1549, pet. in-8, v. br.

499. **Pyrard** (François) de Laval. Voyage, contenant sa navigation aux Indes Orientales, aux Moluques et au Brésil : Les divers accidens, adventures et dangers qui luy sont arrivez en ce voyage en allant et retournant pendant dix ans de séjour. *Paris, Samuel Thiboust*, 1615, in-8, v. fauve fil., tr. dor.

500. **Quatre miracles** arrivez en la chapelle Notre-Dame des Ardilliers. Le premier en la personne de sœur Marie de Monbron, religieuse en l'abbaye de Saint-Ozony d'Angoulesme. Le second en la personne d'une femme paralytique de la ville d'Orléans. Le troisiesme en la personne d'un religieux Recollet, qui a receu entière guérison d'une paralysie. Et le quatriesme en la personne d'une religieuse de Saincte-Ursule. *A Saumur, chez René Hernault*, 1622, pet. in-8, demi-rel. mar. bleu, dos et coins.

501. **Quérard** (J.-M.). La France littéraire, ou Dictionnaire bibliographique des savants, historiens et gens de lettres de la France, ainsi que des littérateurs étrangers qui ont écrit en français, plus particulièrement pendant les XVIIIe et XIXe siècles. *Paris, Firmin Didot*, 1827-1839, 10 vol. in-8, demi-rel. mar. ch. bleu, non rognés.

Exemplaire papier vélin.

502. **Quérard** (J.-M.). Les Supercheries littéraires dévoilées. Galerie des auteurs apocryphes, supposés, déguisés, plagiaires et des éditeurs infidèles de la littérature française pendant les quatre derniers siècles. Ensemble les industriels littéraires et les lettrés qui se sont anoblis à notre époque. Tomes I à III. *Paris, l'éditeur, rue Mazarine*, 1847-1850, 3 vol. in-8, demi-rel. mar. rouge, tête dor., non rognés.

503. **Quinze Joies de mariage** (les). Ouvrage très ancien (mis en lumière par Fr. de Rosset), auquel on a joint le Blason des fausses Amours, le Loyer des folles Amours et le Triomphe des Muses contre Amour, etc. (en vers par Guill. Alexis); le tout enrichi de remarques (par Le Duchat). *La Haye, De Rogissart*, 1726, in-12, v. fauve.

Aux armes de Jars du Pezeau.

504. **Rabaut.** Précis historique de la Révolution françoise. Ouvrage orné de gravures d'après les dessins de Moreau. *Paris, Onfroy*, 1792, pet. in-12, pap. vél., demi-rel.

Figures avant la lettre.

505. **RABELAIS.** La vie tres horrificque du grand Gargantua, père de Pantagruel, iadis cõposee par M. Alcofribas abstracteur de quinte essence. Livre plein de Pantagruelisme. M. D. XLII. *On les vend à Lyon, chez Francoys Juste*, in-16, caract. gothiques, fig. sur bois. — Pantagruel, roy des Dipsodes, restitue a son naturel, avec ses faictz et prouesses espouentables : cõposez par feu M. Alcofribas, abstracteur de quinte essence. M. D. XLII. Suivis de la Prognostication Pantagruéline. *On les vend à Lyon, chez Francoys Juste*, in-16, caract. gothiques, fig. sur bois. Ensemble 2 vol. in-16, mar. brun, compart., arabesques et feuillages doublés de mar. rouge, larges dentelles, dos ornés, tr. dor. (*Capé.*)

506. **RABELAIS.** La Plaisante, et joyeuse hystoire du grand Geant Gargantua. Prochainement reveue, et de beaucoup augmentée par l'Autheur mesme. *A Lyon, chés Estienne Dolet*, 1542. — Pantagruel, roy des Dipsodes, restitué à son naturel : avec ses faictz, et prouesses espouventables : composés par feu M. Alcofribas, abstracteur de quintessence. Plus les merveilleuses navigations du disciple de Pantagruel, dict Panurge. *A Lyon, chés Estienne Dolet*, 1542. Ensemble 2 vol. in-16, lettres rondes, fig. en bois, mar. rouge, fil., tr. dor. (*Rel. anc.*)

507. **Rabelais.** Les Œuvres, contenant cinq livres de la vie, faicts et dicts heroïques de Gargantua, et de son fils Pantagruel. Et augmentez de l'isle des Apedefres, de la cresme philosophale, et d'une épistre limosine : outre la navigation en l'isle Sonnante, etc. La Pronostication Pantagrueline. *A Lion, par Jean Martin*, 1569, 2 vol. pet. in-12, v. fauv.

Contient les livres 1, 2 et 5.

508. **Rabelais** (François). Œuvres, publiées sous le titre de Faits et Dits du géant Gargantua et de son fils Pantagruel, avec la Prognostication pantagrueline, l'Epître du Limosin, la Crême philosophale et deux Epîtres à deux Vieilles de mœurs et d'humeurs différentes. Nouvelle édition où l'on a ajouté des remarques historiques et critiques (de Jacq. Le Duchat et Bern. de La Monnoye). *Amsterdam, Henri Bordesius*, 1711, 5 vol. pet. in-8, fig. — Les Lettres de François Rabelais, escrites pendant son voyage d'Italie, avec des Observations

par **MM.** de Sainte-Marthe. *Brusselle, Fr. Foppens*, 1710, pet. in-8, portrait. Ensemble 6 vol. pet. in-8, mar. bleu, fil. à froid, dent. int., tr. dor.

509. **Rabelais.** Œuvres. *Paris, Th. Desoer*, 1820, 3 vol. in-18, portrait et fig., demi-rel. v. fauve, non rognés.

Exemplaire tiré sur papier vergé.

510. **Rabelais.** Les Songes drolatiques de Pantagruel, où sont contenues plusieurs figures de l'invention de maistre François Rabelais : et dernière œuvre d'iceluy, pour la recreation des bons esprits. *A Paris, par Richard Breton*, 1565, pet. in-8, fig. sur bois (120), demi-rel. mar. bleu.

Raccommodage au titre. — L'exemplaire est court de marges.

511. **Racan** (Honorat de Bueil, seigneur de). Dernières Œuvres et poésies chrestiennes, tirées des pseaumes et de quelques cantiques du Vieux et du Nouveau Testament. *Paris, Pierre Lamy*, 1660, in-8, v. fauve.

Chiffre sur le dos de la reliure.

512. **Racine.** Œuvres. *A Paris, chez Claude Barbin*, 1687, 2 vol. in-12, front. et fig., mar. rouge, fil., milieux dorés, dos ornés, dent. int., tr. dor. (*Capé*).

Édition recherchée. — La première renfermant la tragédie de Phèdre.

513. **Racine.** Œuvres. *A Paris, chez Denys Thierry*, 1697, 2 vol. in-12, front. et fig. de Chauveau, mar. brun, fil., dos et milieux dorés, dent. int., tr. dor. (*Capé.*)

Dernière édition publiée du vivant de Racine ; la première contenant Esther et Athalie.

514. **Racine.** Andromaque, tragédie. *Paris, Théodore Girard*, 1668, in-12, mar. bleu, dent. int., tr. dor. (*Duru.*)

Édition originale.

515. **Racine.** Britannicus, tragédie. *Paris, Claude Barbin*, 1670, in-12, mar. bleu, dent. int., tr. dor. (*Duru.*)

Édition originale.

516. **Racine.** Bérénice, tragédie. *A Paris, chez Claude Barbin*, 1671, in-12, mar. bleu, dent. int., tr. dor. (*Duru.*)

Édition originale.

517. **Racine.** Mithridate, tragédie. *Paris, Claude Barbin*, 1673, in-12, mar. bleu, dent. int., tr. dor. (*Duru.*)

Édition originale.

518. **Racine** (Jean). Athalie, tragédie. Tirée de l'Écriture sainte. *Paris, Denis Thierry*, 1691, in-4, frontispice gravé par Mariette, d'après J.-B. Corneille, mar. bleu, dent., tr. dor.

Édition originale.

519. **Rapin** (le P. René). Du grand ou du sublime dans les mœurs et dans les différentes conditions des hommes. Avec quelques observations sur l'éloquence des bienséances. *Paris, Séb. Mabre Cramoisy*, 1686, in-12, v. fauve, dent. int., tr. dor.

Envoi autographe signé du Père Rapin au Père Paul Fontaine.

520. **Récit** véritable d'un signalé miracle faict en la chapelle de Nostre-Dame des Ardilliers lez Saumur, en la personne de Marguerite Loyseau : au mois de may de la presēte ānée 1626. Ensemble trois autres miracles avenus sur mer, en suitte des vœux faicts de venir audict lieu des Ardilliers. *A Saumur, par René Hernault, s. d.*, in-8 de 56 pp., demi-rel. mar. bleu, dos et coins, non rogné.

521. **Recueil** de diverses pièces servans à l'histoire de Henry III, roy de France et de Pologne. *A Cologne, chez Pierre du Marteau*, 1663, in-4 de 367 et 104 pp., v. br.

522. **Recueil** de Sentences notables, dicts et dictons communs, adages, proverbes et refrains, traduits la plus part du latin, italien et espagnol, et réduits selon l'ordre alphabétique, par Gabriel Meurier. *A Anvers, chez Jean Waesberghe*, 1568, pet. in-8. — Le Bouquet de philosophie morale, jadis esparse entre plusieurs autheurs italiens, et ores entièrement et moult succintement radunée et reduicte par demādes et responses. *A Anvers, chez Jean Waesberghe*, 1568, pet. in-8. Ensemble 2 tomes en 1 vol. in-12, v. brun.

523. **Recueil** des choses notables qui ont esté faites à Bayonne, à l'entrevuë du Roy Tres chrestien Charles neufieme de ce nom, et la Royne sa treshonoree mere, avec la Royne catholique sa sœur. *Paris, imprimerie de Vascozan*, 1566, in-4, mar. brun, fil. à la Du Seuil, tr. dor.

Raccommodages aux premiers feuillets.

524. **Recueil** des miracles advenus en la chappelle de Nostre Dame des Ardilliers lez Saumur. Par la grace de Dieu, et les prières et intercessions de la glorieuse sacrée Vierge Marie. Reveu et augmenté de plusieurs miracles qui ce sont faicts en la dicte chappelle. *A Saumur, par René Hernault, s. d.*, pet. in-8 de 12 ff., demi-rel. mar. bleu, dos et coins, non rogné.

525. **Recueil** général des Caquets de l'accouchée. Ou discours facecieux, où se voit les mœurs, actions et façons de faire des grands et petits de ce siècle. Le tout discouru par Dames, Damoiselles, Bourgeoises, et autres. Et mis par ordres en VIII apres-dinées, qu'elles ont faict leurs assemblées, par un secretaire qui a le tout ouy et escrit. Avec un discours du relevement de l'Accouchée. *Imprimé au temps de ne se plus fascher*, M.DC.XXV, pet. in-8, front., cart., non rogné.

L'un des 8 exemplaires tirés sur papier de Chine d'une réimpression faite à Metz en 1847 et tirée à 76 exemplaires.

526. **Redi** (Francesco). Bacco in Toscana, con le sue annotazioni. Con l'aggiunta di Cl. Brindisi di Minto. *In Napoli, per Gianfrancesco Paci*, 1770, in-12, mar. brun, dent. int., tr. dor.

527. **Regulæ** Societatis Jesu. *Juxta exemplar impressum. Lugduni, ex typographia Jacobi Roussin*, 1606 (*Leyde, Jean Elzevier*), *à la Sphère, s. d.* (vers 1656), pet. in-12, dérelié.

528. **Relation** de tout ce qui regarde la Moscovie, ses habitants et leur grand duc, tirée des meilleurs auteurs qui en ont parlé jusqu'à présent. *Paris, Denys Thierry*, 1687, pet. in-12, v. br.

529. **Relation** du voyage d'Espagne (par Mme d'Aulnoy). *Paris, veuve Claude Barbin*, 1699, 3 vol. pet. in-12, v. br.

530. **Relation** succinte et sincère de la Mission du Père Martin de Nantes, prédicateur capucin, missionnaire apostolique dans le Brezil parmy les Indiens appellés Cariris. *A Quimper, chés Jean Perier, s. d.* (1706), pet. in-12, mar. vert, compart. de fil., dent. int., tr. dor.

Petit livre fort rare. La mission du P. Martin, commencée en 1671, se termina en 1688.

531. **Remonstrances** très humbles au roy de France et de Pologne Henry troisiesme de ce nom, par un sien fidelle officier et subject, sur les désordres et misères de ce Royaume, causes d'icelles, et moyens d'y pourvoir à la gloire de Dieu et repos universel de cet Estat. Avec une table des principales matières contenuës en ce livre (attribué à Nicolas Rolland, sieur Du Plessis). *S. l.*, 1588, in-8, mar. rouge, fil., tr. dor. (*Rel. anc.*)

532. **Rémy** (Pierre) et **Juliot** (C.-F.). Catalogue des tableaux et dessins précieux des maîtres celèbres des trois écoles, figures de marbre, estampes, vases, porcelaines, laques, meubles de Boule et autres effets précieux du cabinet de feu Randon de Boisset. *Paris, Musier père et Pierre Remy*, 1777, in-12, demi-rel. mar. citron, dos et coins, tête dor., non rogné.

533. **Restif de la Bretonne.** La Vie de mon père, par l'auteur du Paysan perverti. *A Neufchatel, et se trouve à Paris chez la veuve Duchesne*, 1779, 2 vol. in-12, front. et fig., dereliés.

534. **Réveil** (le) de maistre Guillaume aux bruits de ce temps. *S. l.*, 1614, pet. in-8 de 33 pp. — La Remonstrance de Pierre Du Puis sur le resveil de maistre Guillaume. *Paris, P. Bardin*, 1614, pet. in-8 de 13 pp. — Le Pétard d'éloquence de maistre Guillaume le Jeune. *S. l.*, 1621, pet. in-8 de 23 pp. — Lettre de Jacques Bon-Homme, paysan de Beauvoisis, à Messeigneurs les princes retirez de la Cour. *Paris, Jean Brunet*, 1614, pet. in-8 de 14 pp. — Conjouissance de Jacques Bon-Homme, paysan du Beauvoisis, avec M^grs^ les Princes réconciliés. *Paris, Ch. Chapellain*, 1614, pet. in-8 de 16 pp. — Le Lourdaut vaga-

bond, rencontré par l'Esprit de la Cour, à la monstre qui se faisoit au Pré-aux-Clercs près de Paris. Mis en dialogue par A. C. *Paris*, 1614, pet. in-8 de 15 pp. — Le Vieux Gaulois à MM. les Princes. *S. l.*, 1614, pet. in-8 de 31 pp., fig. sur le titre. Ensemble 7 pièces en 1 vol. pet. in-8, demi-rel.

535. **Revue rétrospective**, ou Archives secrètes du dernier gouvernement (publiée par Taschereau). *Paris, Paulin*, 1848, gr. in-8, demi-rel. mar. rouge, dos et coins, non rogné.

536. **Rime** di cinquanta illustri poetesse di nuovo date in luce da Antonio Bulifon. *In Napoli, presso Antonio Bulifon*, 1695, pet. in-12. — Rime delle signore Lucrezia Marinella, Veronica, Gambara ed Isabella della Morra. *In Napoli, presso Antonio Bulifon*, 1693, pet. in-12. Ensemble 2 tomes en 1 vol. pet. in-12, v. br.

537. **Robelin** (Jean). Hymne de la victoire obtenue sur les raistres et lansquenetz. A monsieur de Genlis, conseiller du Roi, notaire, et secrétaire de la maison et coronne de France, par I. R. B. A. *Paris, chez Estienne Prevosteau*, 1588, pet. in-8 de 12 pp., demi-rel. mar. brun.

538. **Rollenhague** (Gabriel). Les Emblèmes mis en vers françois par un professeur de la langue françoise à Colongne. *Coloniæ, apud Joan. Jansonium*, 1611, pet. in-4, fig., vél. bl.

100 planches gravées.

539. **Romæ** animale exemplum in Apocalypsen. Figures, pet. in-8, mar. rouge.

Titre et 42 gravures.

540. **Ronsard** (P. de), gentilhomnæ vandomois. Les Œuvres, reveues, corrigées et augmentées par l'autheur. *Paris, Gabriel Buon*, 1584, in-fol. réglé, v. fauve, fil., coins et milieux dorés, tr. dor.

541. **Ronsard.** Les Œuvres, reveues, corrigées et augmenthées par l'autheur peu avant son trespas. (Tome Ier, contenant les Amours.) *A Paris, chez Gabriel Buon*, 1587, pet. in-12, réglé, mar. brun, compart., arabesques, feuillages sur les plats, dos orné, tr. dor. (*Rel. du* XVIe *siècle.*)

Tache aux premiers feuillets.

542. **Ronsard** (P. de). Les Hymnes. A très illustre Princesse Marguerite de France, duchesse de Savoye. Commentées par I. Besly. *A Paris, chez Nicolas Buon*, 1604, pet, in-12, v. marb.

Grattage sur le titre.

543. **Ronsard** (P. de). Œuvres inédites, recueillies et publiées par P. Blanchemain. *Paris, Aug. Aubry*, 1855, pet. in-8, portrait, cart., non rogné.

544. **Rotrou**. L'Heureux Naufrage, tragi-comédie. *A Paris, chez Anthoine de Sommaville*, 1637, in-4, dérelié.

Édition originale.

545. **Rotrou**. Antigone, tragédie. *A Paris, chez Anthoine de Sommaville*, 1639, in-4, front. gravé, dérelié.

Édition originale.

546. **Rotrou**. La belle Alphrède, comédie. *Paris, Antoine de Sommaville*, 1639, in-4, dérelié.

Édition originale. — Exemplaires avec témoins.

547. **Rotrou**. Clarice, ou l'Amour constant, comédie. *Paris, Antoine de Sommaville*, 1643, in-4, dérelié.

Édition originale.

548. **Rousseau** (J.-J.). Œuvres. Nouvelle édition revue, corrigée, et augmentée de plusieurs morceaux qui n'avoient point encore paru. *Amsterdam, Marc-Michel Rey*, 1769, 11 vol. in-8, fig. — Supplément aux Œuvres de Jean-Jacques Rousseau. *Amsterdam, Changuion et Barthélemy Ulam*, 1784-1790, 8 vol. in-8. Ensemble 19 vol. in-8, mar. rouge, fil., dos ornés, tr. dor. (*Rel. anc.*)

Figures d'Eisen et de Gravelot.

549. **Sainte-Beuve** (C.-A). Causeries du Lundi. *Paris, Garnier frères*, 1852-1856, 11 vol. in-12, demi-rel. mar. citron, dos et coins, tête dor., non rognés.

550. **Sainte Curiosité** (la), ou Questions curieuses sur les principaux articles de la Foi, mystères de la Religion et des Cérémonies de l'Église, par le sieurD. C. (de Cériziers). *Paris, chez Estienne Danguy*, 1643, in-8, v. fauve, fil., dos orné, tr. dor.

Raccommodages.

551. **Salazar** (Ambrosio de). Libro de armas de los mayores señores de la España, con las colores en cada escudo. Titulos casas y rentas, con los puntos mas Senalados de sus hazañas Varoniles. *En Paris*, 1642, in-4, avec 77 planches de blasons coloriés, vél. bl.

552. **Sallustius** (C.) Crispus, cum veterum Historicorum fragmentis. *Lugduni Batavorum, ex officina Elzeviriana*, 1634, pet. in-12, titre gravé, mar. rouge, dent. int., tr. dor. (*Duru.*)

553. **Sansovino** (Francesco). Cento novelle scelte da piu nobili scrittori della lingua volgare, nelle quali piacevoli et notabili avvenimenti si contengono. *In Venetia, appresso Alessandro de Vecchi*, 1608, in-4, fig. sur bois, vél. bl.

554. **Satyre** Ménippée de la vertu du catholicon d'Espagne, et de la tenue des Estatz de Paris (par P. Le Roy, Gillot, Passerat, Florent-Chrétien et P. Pithou). *S. l.*, 1593, pet. in-8 de 255 pp., mar. rouge, jans., dent. int., tr. dor. (*Duru.*)

555. **Satyre** Ménippée de la Vertu du Catholicon d'Espagne : et de la tenue des Estatz de Paris. *S. l.*, 1594, pet. in-8, fig., v. br.

556. **Satyre** Ménippée, de la vertu du Catholicon d'Espagne, et de la tenue des États de Paris. Édition enrichie de figures et de nouvelles remarques (par Le Duchat). *Ratisbonne, les Héritiers de Mathias Kerner*, 1752, 3 vol. in-8, fig., v. rac., fil., tr. dor.

557. **Satyres** sur les femmes bourgeoises qui se font appeler Madame, avec une distinction qui sépare les véritables d'avec celles qui ne le sont que par le caprice de la fortune, la bizarrerie et la vanité du siècle, par le chevalier D*** (Jean-Félix d'Hénissart). *La Haye, chez Henri Frik*, 1713, 2 vol. in-8, fig., v. br.

558. **Savonarola** (Michele). De tutte le cose che se manzano communamente : quale sono contrarie e quale al proposito ; e como se apparechiano : e di quelle se beveno per Italia : e de sei cose non naturale : e le regule per cōservare la sanita deli corpi humani. Con dubii notabilissimi. Novamente stampato. (*Nel fine :*) *In Venetia, per Bernardino Benalio Bergomēse*, 1515, in-4 à 2 col., caract. goth., mar. brun, compart., dent. int., tr. dor. (*Capé.*)

559. **Scarron.** Le Virgile travesty en vers burlesques. Livre sixième. *A Paris, chez Toussaint Quinet*, 1651, in-4, front. et fig., v. fauve, fil.

Édition originale.

560. **Scarron.** Le Jodelet, ou le maître valet, comédie. *A Paris, chez Toussaint Quinet*, 1646, in-4, front. gravé, dérelié.

Édition originale.

561. **Scarron.** Les Trois Dorotées, ou le Jodelet souffleté, comédie. *A Paris, chez Toussaint Quinet*, 1648, in-4, dérelié.

Édition originale.

562. **Scarron.** L'Escolier de Salamanque, ou les Généreux Ennemis, tragi-comédie. *A Paris, chez G. de Luyne*, 1680, pet. in-12. — Le Gardien de soy-mesme, comédie. *A Paris, chez A. de Sommaville*, 1655, petit in-12. — Le Marquis ridicule, ou la Comtesse faite à la haste. *A Paris, chez J.-B. Loyson*, 1670, pet. in-12. — La suite du Roman comique, troisième partie (par Preschac). *Paris, Cl. Barbin*, 1679, pet. in-12. — Epistre chagrine à Mgr le mareschal d'Albret (attribué à Scarron). *Paris, G. de Luyne*, 1674, pet. in-12. Ensemble 5 pièces en 1 vol. pet. in-12, v. br.

563. **Scoti** (Michælis) Phisionomia rerum naturalium multa continens capitula : in quibus membrorum signa continentur : que ut varia et multiplicia sunt... *S. l. n. d.*, pet. in-8 de 32 ff., vél.

564. **Scudéry** (de). Andromire, tragi-comédie. *A Paris, chez Anthoine de Sommaville*, 1641, in-4, front. gravé, dérelié.

Édition originale.

565. **Sedaine.** Le Philosophe sans le savoir, comédie en prose et en cinq actes. *Paris, Hérissant*, 1766, in-8, dérelié.

Édition originale.

566. **Segraisiana**, ou Mélange d'histoire et de littérature, recueilli des Entretiens de M. de Segrais, de l'Académie françoise (par Ant. Galland, avec préface et notes par La Monnoye). Les Eglogues et l'Amour guéri par le Temps, tragédie-ballet du même auteur. Ensemble la Relation de l'Isle imaginaire et l'Histoire de la Princesse de Paphlagonie. *La Haye, Pierre Gosse*, 1722, in-12, mar. bleu, compart., dos orné, dent. int., tr. dor.

567. **Semonce** à une demoiselle des champs pour venir passer la Foire et les jours gras à Paris. Incerto authore. *Paris*, 1605, pet. in-8 de 14 pp., mar. bleu, dent. int., tr. dor. (*Duru*.)

Pièce en vers relative à la foire Saint-Germain.

568. **Sensuit** le sermõ fort joyeux de sařct Raisin. *S. l. n. d.*, petit in-8, de 4 ff., caract. gothiques, demi-rel. cuir de Russie.

Réimpression *fac-simile*, donnée par Moumerqué. — Exemplaire unique tiré sur peau de vélin.

569. **Sévigné** (Mme de). Lettres de Marie Rabutin-Chantal, marquise de Sévigné, à Madame la comtesse de Grignan, sa fille. (Préface de Bussy, évêque de Luçon, notes de Thiériot). *S. l.*, 1726, 2 vol. in-12, mar. brun. fil., tr. dor. (*Rel. anc.*)

Première publication de ces lettres. C'est une des trois éditions portant la date de 1726. Tome Ier, 271 pages; tome II, 220 pages.

Aux armes de Machault-Darnouville, garde des sceaux et contrôleur général des finances.

570. **Shakespeare.** The dramatic Works. *London, William Pickering*, 1826, in-12, portrait, mar. rouge, fil., dos orné, dent. int., tr. dor. (*Capé*.)

Édition microscopique. — L'un des 50 exemplaires tirés sur papier de Chine.

571. **Soldat françois** (le). *S. l.*, 1605, pet. in-12 de 191 pp. — Le Pacifique, ou l'anti-soldat françois. *S. l.*, 1604, pet. in-12 de 168 pp. — L'Anti-pseudo-pacifique ou Censeur françois, au pseudo-pacifique ou Antisoldat, par le sieur D. L. B. (de La Barillère). *Jouxte la copie imprimée à Paris, par Denys du Val et Jean Berjon, s. d.*, pet. in-12 de 139 pp. — Responce du Roy au soldat françois, qui demande la guerre, et au soldat espagnol qui demande la paix. *Douay*, 1604, pet. in-12 de 31 pp. — Le Capitaine au Soldat françois. Au Roy. *S. l.*, 1604, pet. in-12 de 48 pp. — La Responce du soldat françois au capitaine. *S. l.*, 1604, pet. in-12 de 6 pp. — Apologie royalle, par J. L. D. *S. l. n. d.*, 1604, pet. in-12 de 67 pp. — Le Polemandre, ou Discours d'estat de la nécessité de faire la guerre en Espagne. *S. l.*, 1605, pet. in-12, de 86 pp. — Le Politique françois, pour réprimer la fureur au pseudo-pacifique ou censeur françois. *S. l.*, 1605, pet.

in-12 de 111 pp. — La Response de maistre Guillaume au soldat françois, faicte en la présence du Roy, à Fontainebleau, le 8 septembre 1604, pet. in-12 de 58 pp. — Response ou Discours fait sur la response de M. Guillaume au Soldat françois, faict à Saint-Germain des Prez, ce 26 janvier. *S. l.* , 1605, pet. in-12 de 53 pp. — La Réplique modeste, sur la response de M. Guillaume au soldat françois. Avec le jugement intervenu entre les parties. *S. l.*, 1605, pet. in-12 de 45 pp. — Appointement de querelle, faict par Mathurine, entre le Soldat françois et maistre Guillaume. *S. l.*, 1605, pet. in-12 de 20 pp. — Recueil des responces faites au soldat françois, ou Rameau d'olivier présenté aux pseudes soldats de l'une et l'autre milice. Le tout composé par Floride de la Forest, Dauphinois. *S. l.*, 1605, pet. in-12 de 21 pp. — L'Harpocrate françois. Au Roy. *L'an de grâce* 1605, pet. in-12 de 32 pp. — Les Plaintes de la captive Caliston, à l'invincible Aristarque. *S. l.*, 1605, pet. in-12 de 20 pp. Ensemble 16 pièces en 1 vol. pet. in-12, cart.

572. **Songe de Poliphile.** Traduction libre de l'italien par J.-G. Legrand. *A Parme, de l'imprimerie de Bodoni*, 1811, 2 vol. in-4, brochés.

L'un des 100 exemplaires tirés sur papier vélin.

573. **Sorboli** (Gieronimo) da Bagnacavallo. Ritratto d'amore, nel quale vagamente si discorre della natura, effetti et altri accidenti amorosi, e della bellezza insieme. *In Venetia, appresso Girolamo Polo*, 1592, pet. in-8, vél.

574. **Sorcelleries** (les) de Henry de Valois, et les oblations qu'il faisoit au diable dans le bois de Vincennes. Avec la figure des démons, d'argent doré, ausquels il faisoit offrandes; et lesquels se voyent encores en ceste ville. *S. l.* (*Paris*), *chez Didier Millot*, 1589, pet. in-8 de 15 pp., avec la figure. — L'Adjournement fait à Henri de Valois pour assister aux Estats tenus aux Enfers. Pièce in-fol. représentant Henri III et le diable, avec un texte en vers au-dessous de la figure. 1589. — Charmes et caractères de sorcellerie de Henri de Valois, trouvés en la maison de Miron, son médecin. *Paris, J. Parant*, 1589, pet. in-8 de 20 pp., avec une grande planche pliée donnant la figure des Charmes. Ensemble 3 pièces en 1 vol. pet. in-8, mar. rouge, fil. à la Du Seuil, tr. dor.

575. **Statuta** selecta è corpore statutorum universitatis Oxon, ut in promptu et ad manum sint, quæ magis ad usum (præcipuè Juniorum) facere videntur. *S. l.* (*Oxford*), *typis Guil. Turner*, 1638, pet. in-12, mar. bleu, fil., dent. int.

576. **Sterne** (Laurence). The life and opinions of Tristram Shandy. *London, printed for Walker and Edwards*, 1817, pet. in-12, mar. vert, fil., dos orné, tr. dor. (*Purgold.*)

577. **Suite** des Caractères de Théophraste et des mœurs de ce siècle (par Alleaume). *Paris, Vve Est. Michallet*, 1700, in-12, v. br.

578. **Supplément** du Catholicon d'Espagne, ou Nouvelles des régions de la Lune, où se voyent depeints les beaux et genereux faicts d'armes de feu Jean de Lagny, frère du Charlatan, sur aucunes bourgades de la France, durant les Estats de la Ligue. *S. l.*, 1595, pet. in-8. — Plaidoyer de M. Antoine Arnauld, advocat en Parlement, pour l'Université de Paris, contre les Jésuites. *A Paris*, 1595, pet. in-8. Ensemble 2 pièces en un vol. pet. in-8, v. br.

579. **Supplément** (le) du Catholicon, ou Nouvelles des régions de la Lune, où se voyent depeints les beaux et genereux faicts d'armes de feu Jean de Lagny, sur aucunes bourgades de la France. Dedié à la Maiesté Espagnole, par un Jesuite, n'agueres sorty de Paris. *S. l.*, 1595, mar. brun, fil., milieu doré, dent. int., tr. dor. (*Capé.*)

580. **Swift.** Voyages de Gulliver dans les contrées lointaines. Édition illustrée par Grandville, traduction nouvelle. *Paris, Furne et Cie, H. Fournier aîné*, 1838, 2 vol. in-8, frontispice sur papier de Chine volant, demi-rel. bas.

581. **Tableau** (le) de l'isle de Tabago, ou de la Nouvelle-Oualchre, l'une des isles Antilles de l'Amérique, dépendante de la souveraineté des Provinces-Unies des Pais-Bas (par de Rochefort). *Leyde, J. Le Carpentier*, 1665, in-12, dérelié.

582. **Tableaux** historiques où sont gravez les illustres François et estrangers de l'un et l'autre sexe, remarquables par leur naissance et leur fortune, doctrine, piété, charge et emplois ; avec les Éloges sommaires contenans leurs noms et leurs armes blasonnées. *Paris, Daret*, 1652, in-4, v. fauve, fil.

Recueil contenant dédicace à Mme la duchesse de Chevreuse et 375 portraits gravés par *Pierre Daret, Louis Boissevin* et *B. Moncornet*.

583. **Taine** (H.). Voyage aux eaux des Pyrénées. Illustré de 65 vignettes sur bois par G. Doré. *Paris, Hachette*, 1855, in-12, broché.

Édition originale, avec la couverture.

584. **Tallemant des Réaux**. Les Historiettes. Mémoires pour servir à l'histoire du XVIIe siècle, publiés sur le manuscrit inédit et autographe, avec des éclaircissements et des notes, par Monmerqué, de Chateaugiron et Taschereau. *Paris, Alph. Levavasseur*, 1834-1835, 6 vol. in-8, v. fauve, fil., tête dor., non rognés. (*Bauzonnet.*)

Exemplaire tiré sur papier de couleur, auquel on a ajouté un cahier manuscrit de 89 pp., renfermant les passages supprimés à l'impression.

585. **Tasso** (Torquato). Rime spirituali, nuovamente raccolte e date in luce. *In Bergamo, per Comin Ventura*, 1597, in-4, cart.

586. **Tasso** (Torquato). Il Goffredo, travestito alla Rustica Bergamasca da Carlo Assonica dottor. *Venetia, appresso Nicolò Pezzana*, 1670, in-4 à 2 colonnes, dérelié.

587. **Tasso.** El Gofredo, cantà alla barcariola dal dottor Tomaso Mondini. *In Venezia, per Domenico Lovisa à Rialto,* 1728, in-4, demi-rel. bas.

588. **Terentius.** In singulas scoenas argumenta, ferè ex Aelij Donati, commentariis transcripta. Versuum genera per Erasmum Roterodamum. *Lutetiæ, ex officina Rob. Stephani,* 1551, in-8, mar. vert, fil., dent. int., tr. dor.

589. **Theatrum** crudelitatum hæreticorum nostri temporis (auctore Rich. Verstegan). *Antuerpiæ, apud Hadrianum Huberti,* 1587, in-4, frontispice et 30 pl. gravées, vél. bl.

590. **Théophraste.** Les Caractères et Pensées morales de Ménandre, traduits par Levesque. *Paris, Didot l'aîné,* 1782 in-18, mar. rouge, doublé de tabis, fil., tr. dor. (*Rel. anc.*)

591. **Thomson** (James). The Seasons. *Parma, printed by Bodoni,* 1794, in-4, cuir de Russie, fil., non rogné.

592. **Topffer.** Voyages en zigzag, ou Excursions d'un pensionnat en vacances. *Paris, Garnier,* 1850, gr. in-8, fig., broché.

593. **Traitté des Conciles** et de la vraye Église. Nouvellement traduit de latin en françois. *S. l., chez Nicolas Barbier et Thomas Courteau,* 1557, pet. in-8, réglé, v. br.

594. **Trudon** (S.). Nouveau Traité de la science pratique du blason, avec l'explication des armoiries des princes, ducs et pairs, maréchaux de France et autres grands seigneurs et principaux officiers de la couronne. *Paris, Nic. Le Gras,* 1689, in-12, fig. de blasons, v. br.

595. **Tumbeau** (le) de Messeigneurs les Cardinal et duc de Guyse avec plusieurs Sonnets en forme de regrets et autres Poésies sur le mesme subject. Plus une Hymne de la Saincte Ligue des Catholiques unis. A Mgr le duc de Guyse, Pair, et grand Maistre de France, gouverneur de Brye et Champaigne. *A Paris, chez Guillaume Bichon,* 1591, pet. in-8, vél. bl.

Sur le titre, la signature d'Étienne Baluze.

596. **Vasari** (Giorgio). Vies des peintres, sculpteurs et architectes traduites par Léopold Leclanché, et commentées par Jeanron et Léopold Leclanché. *Paris, Just Tessier,* 1839-1842, 10 vol. in-8, avec 121 portraits par Jeanron, veau fauve, fil., tête dor., non rognés.

597. **Vauquelin de la Fresnaye.** Pour la Monarchie de ce Royaume contre la division. A la Royne mère du Roy. *A Paris, de l'imprimerie de Frédéric Morel,* 1563, pet. in-8, de 12 pp., mar. vert, dent. int., tr. dor.

598. **Vergiliana** opera, docte et familiariter exposita a Servio, Donato, Mancinello, et Probo, cum adnot. Beroaldi, Aug. Dathi, Cal-

derini, Jodoci Badii, Ascensii, expolitissimis figuris et imaginibus illustrata. *Lugduni, in officina sua literatoria Jacobus Sacon*, 1517, in-fol., fig. sur bois, dérelié.

599. **Vergiliana** opera, docte et familiariter exposita a Servio, Donato, Mancinello. et Probo, cum adnot. Beroaldi, Aug. Dathi, Calderini, Jodoci Badii, Ascensii, expolitissimis figuris et imaginibus illustrata. *Lugduni, in ædibus Jacobi Sacon*, 1517, in-fol., fig. sur bois, v. br.

Quelques figures ont été coloriées.

600. **Vérone** (François de). Apologie pour Jehan Chastel, Parisien, exécuté à mort, et pour les pères et escholliers de la Société de Jésus, bannis du royaulme de France, contre l'arrest du Parlement donné contre eux à Paris, le 29 décembre 1594, divisée en cinq parties. *S. l.*, 1610, in-8, mar. rouge.

Libelle attribué à J. Boucher. Remboité.

601. **Vertu du Catholicon d'Espagne** (la) : avec un Abrégé de la tenue des Estats de Paris convoquez au X de février 1593, par les chefs de la Ligue. Tiré des Mémoires de Mlle de La Lande, *alias* la Bayonnoise, et du père Commelaid. *S. l.*, 1594, pet. in-8, v. br.

602. **Vie** (la) de la Reverende Mère Madelaine Gautron, prieure du monastère de la Fidélité de Saumur (par le P. Jean Passavant). *Saumur, Fr. Ernou*, 1689, in-12, vél.

603. **Vie** (la) de M. de Molière (par Le Gallois, sieur de Grimarest). *Paris, J. Le Febvre*, 1705, in-12, mar. violet, dent. int., tr. dor.

604. **Vie** (la) de M. de Molière (par J.-L. Le Gallois, sieur de Grimarest). *Paris, Jacq. Le Febvre*, 1705, in-12, portrait gravé par B. Audran, d'après Mignard. — Addition à la Vie de M. de Molière, contenant une Réponse à la critique qu'on en a faite. *Paris, Jacq. Le Febvre*, 1706, in-12. Ensemble 2 vol. in-12, v. fauve, fil., dent. int., tr. dor.

605. **Vie** du pape Grégoire le Grand. Légende française publiée pour la première fois par Victor Luzarche. *Tours, imprimerie de J. Bouserez*, 1857, in-8, broché.

Exemplaire tiré sur grand papier.

606. **Vie** du pape Grégoire le Grand. Légende française publiée pour la première fois par V. Luzarche. *Tours, imprimerie de Bouserez*, 1857, pet. in-8, demi-rel. mar. rouge, dos orné et coins, tête dor., non rogné. (*Capé.*)

Exemplaire tiré sur papier vergé.

607. **Vignier**. Le Chasteau de Richelieu, ou l'Histoire des dieux et des héros de l'antiquité, avec des Réflexions morales. *Saumur, Isaac et Henry Desbordes*, 1676, pet. in-8, v. br.

608. **Vignolle.** Règles des cinq ordres d'architecture. Reveues, augmentées et réduites de grand en petit par Le Muet. *A Paris, chez Melchior Tavernier*, 1632, pet. in-8, mar. bleu, dent. int., tr. dor.

Volume entièrement gravé, comprenant frontispice, titre et 50 planches.

609. **Viola Sanctorum.** Januarius. — December. (*In fine* :) *Viola* sanctorum finit feliciter. Anno domini M.ccccIxxxvj (1486), *X Kl. May. Nurmberge impressum satis emendatum elaboratumq͂3*, in-8 de 215 pp., non chiffrées, caract. goth., dérelié.

610. **Violier** (le) des hystoires rommaines : moralisez sur les nobles gestes, faictz vertueulx et anciennes Croniques de toutes nations de gẽs fort recreatif et moral. Nouvellement translate de latin en francoys. *On les vend à Paris, en la rue de Marchepalu, par Denys Janot, à la corne de cerf, devãt la rue neufve nostre dame.* (A la fin :) *Cy finist le Viollier des Hystoires rommaines... et fut acheve le xv*[e] *iour doctobre mil cinq cens xxix* (1529). Pet. in-4, caract. goth., fig. en bois, mar. olive, larges dentelles, dorure au pointillé, mosaïque de mar. rouge, dos orné, tr. dor.

Bel exemplaire d'un livre rare.

611. **Viollet-le-Duc.** Catalogue des livres composant la bibliothèque poétique de M. Viollet-le-Duc, avec des notes bibliographiques, biographiques et littéraires sur chacun des ouvrages catalogués pour servir à l'histoire de la poésie en France. *Paris, L. Hachette*, 1843, in-8, veau fauve, fil., tr. dor.

612. **Vita Bonfadini.** La Caccia dell' arcobugio, con la prattica del tirare in volo, in aere, ed a borita. Con il modo di ammaestrar bracchi, etc. Aggiuntovi nuovamente alcune cose necessarie alla Caccia. *In Bologna et in Bassano, per Ant. Remondini*, 1672, pet. in-12, fig., mar. rouge, fil. à froid, dent. int., tr. dor.

613. **Volkyr de Serouville** (Nicole). Lhistoire et recueil de la triumphante et glorieuse victoire obtenue contre les seduyctz et abusez Lutheriens mescreans du pays Daulsays et autres, par Anthoine, duc de Calabre, de Lorraine et de Bar... en deffendant la foy catholicque, nostre mere leglise, et vraye noblesse. *S. l. n. d.* (*Paris, Galiot du Pré*, 1526), in-fol., caract. goth., fig. en bois, mar. bleu, doublé de mar. rouge, large dent., tr. dor. (*Duru.*)

614. **Voltaire.** Collection complète des Œuvres. *Genève, chez les frères Cramer*, 1768-1771, 30 vol. in-4, fig., v. porph., fil., tr. marb.

Frontispice, 7 portraits dessinés par Jaunet, de la Tour et Gardelle, et 42 figures gravées, d'après Gravelot, par Delaunay, de Lorrain, Duclos, de Longueil, Masquelier, Née, Ponce, etc.

615. **Voltaire.** Le Temple du Goust. *Chez Hierosme Print-All.* 1733, in-8, v. marb.

Édition originale à laquelle on a ajouté : une copie manuscrite du même poème présentant un certain nombre de changements, une lettre de 21 pages écrite par

Voltaire sur le même sujet et 12 petites pièces épigrammatiques à propos du Temple du Goût.

Provient de la bibliothèque de M. de Crozat.

616. **Voyages**, relations et mémoires originaux, pour servir à l'histoire de la découverte de l'Amérique, publiés pour la première fois en français, par H. Ternaux-Compans. *Paris, Arthus Bertrand*, 1837-1840, 11 vol. in-8, brochés.

Relation du voyage de Cibola. 1540. — Relation, naufrages et commentaires d'Alvar Nuñez Cabeça de Vaca. 2 vol. — Cruautés horribles des conquérants du Mexique. — Histoire d'un pays situé dans le Nouveau-Monde, nommé Amérique, par Hans Staden de Homberg. — Narration du premier voyage de Nicolas Fédermann le jeune. — Histoire de la province de Santa-Cruz, par Péro de Magalhanès de Gandavo. — Relation de la conquête du Pérou, par François Xérès. — Histoire d'un voyage curieux fait par Ulrich Schmidel de Straubing. — Histoire des Chichimèques.

617. **Xénophon**. La Cyropédie. De la vie et institucion de Cyrus, roy des Perses. Traduite du grec par Jaques des comtes de Vintemille, Rhodien. *A Lion, par Jan de Tournes*, 1555, in-4, v. br.

618. **Yver** (Jaques). Le Printemps d'Yver. Contenant cinq histoires discourues par cinq journées, en une noble compagnie, au chasteau du Printemps. *A Lyon, par les héritiers de Benoist Rigaud*, 1600, in-16, mar. brun, milieux dorés, dos orné, dent. int., tr. dor. (*Hardy*.)

619. **Wace** (Maître). Trouvère du XIIe siècle. Vie de Saint George. Texte inédit, publié par Victor Luzarche. *Tours, imprimerie de J. Bouserez*, 1858, in-12, pap. vergé, broché.

15 exemplaires.

620. **Wace** (Maître). La Vie de la Vierge Marie, publiée d'après un manuscrit inconnu aux premiers éditeurs, suivie de la Vie de saint George, poëme inédit du même trouvère (publié par V. Luzarche). *Tours, imprimerie de Bouserez*, 1859, in-12, demi-rel. mar. rouge, dos orné, coins, tête dor., non rogné. (*Capé*.)

Exemplaire tiré sur grand papier chamois.

621. **Wace** (Maître). La Vie de la Vierge Marie, publiée d'après un manuscrit inconnu aux premiers éditeurs, suivie de la Vie de saint George, poème inédit du même trouvère, publ. par V. Luzarche. *Tours, imprimerie de Bouserez*, 1859, pet. in-8, pap. vergé. broché.

622. Sous ce numéro il sera vendu environ 800 volumes de bons livres anciens et modernes.

MANUSCRITS

623. **Abbadie.** Panégyrique de Marie Stuart, reine d'Angleterre, d'Ecosse, de France et d'Irlande, etc. Pet. in-8, cart., non rogné.

Manuscrit de 77 pages.

624. **Actes** des ligues et associations de la noblesse de plusieurs provinces de France, des ecclésiastiques et du peuple, contre le roi Louis Hutin, pour s'opposer à diverses exactions, tailles et subventions mises sur eux, outre les charges ordinaires. In-fol., vél. bl.

Copie manuscrite en 148 pages.

625. **Adam.** Drame anglo-normand du XIIe siècle. In-fol., demi-rel. mar. bleu, dos et coins.

Copie manuscrite en 94 pages.

626. **Aligny** (comte d'). Mémoires de M. le comte d'Aligny, brigadier des armées du roy, chevalier de l'ordre de Saint-Louis, gouverneur de la ville d'Autun, et grand baillif de la noblesse de la province de Charollois. In-fol. réglé, v. fauve.

Manuscrit de 190 pp., provenant de la bibliothèque de Du Tilliot.

627. **Bavière** (comte de). Mémoires sur la campagne de Bavière, en 1743. In-8, mar. rouge, dos orné. (*Rel. anc.*)

Manuscrit de 236 pages, avec cartes et plans aux armes du comte de Bavière.

628. **Biblia Sacra.** In-8, dérelié.

Manuscrit du XIVe siècle, d'une très bonne écriture, composé de 738 feuillets de vélin remarquablement fin.

629. **Brantôme.** Divers contes faits sur plusieurs dames qui ont vescu dans le dernier siècle, recueillis par Mre Pierre de Bourdeille, seigneur de Brantôme. In-fol., demi-rel. mar. vert.

Manuscrit de 680 pages (XVIIe siècle).

630. **Calendrier** héroïque, ou les Principaux Événements du règne de Louis le Grand. Essai présenté à S. M. par R. Trepagne de Menerville, curé de Suresne et de Puteaux. Octobre. In-8, mar. vert, dent., doublé de mar. rouge, dent., dos orné, tr. dor.

Manuscrit de 261 pages, portant sur les plats le chiffre couronné du roi. — Portrait de Louis XIV, gravé par Edelinck.

631. **Castellane** (comte de). Recueil de lettres écrites de Constantinople, à M. le comte de Maurepas, de janvier 1743 à mars 1748. 7 vol. in-fol., bas.

Manuscrit.

632. **Chansons** et autres poésies, par Mlle de Caumont de la Force. In-4, mar. rouge, fil., tr. dor. (*Rel. anc.*)

Manuscrit autographe de 158 pp. Les pièces qui le composent sont adressées à diverses personnes, à Mademoiselle, à la princesse de Conti, au prince de Turenne, à Mme de Maintenon, à l'abbé Abeille, etc.

633. **Cleri Turonensis** hymni duo. Ad Henricum IIII Galliarum et Navarræ regem unus ante pugnam, alter post victoriam ibriacam. Addita est vernacula versio. *Augustæ Turonum*, 1590, in-8. — Deux hymnes du clergé de Tours, l'un auparavant la bataille, et l'autre après la victoire de Sainct-André d'Ivry. Au roi Henry IIII, roy de France et de Navarre. Tournez du latin. *Tours*, 1590, in-8, 2 pièces en 1 vol. in-8, mar. vert., dent., tr. dor. (*Rel. anc.*)

Manuscrit sur vélin, copie figurée, exécutée par J. Fyot. Très bel exemplaire.

634. **Cusson** (Robert), fatiste (poète) des rois François Ier et Henry II. Lettre en vers « à Honorable hom̃e sire Jacques Legros, marchant de draps de soie et bourgeois de Paris, contenant : Déploration, Mémoires et Louenges immortelles du tres hault, tres puissãt, tres illustrissime et tres chrestien roy François premier du nom. In-4, v. éc.

Manuscrit du xvie siècle en 30 pages, contenant la description des obsèques du roi François Ier.

635. **Dapremont** (Père capucin). Son théâtre contenant : L'exil d'un professeur de Fontevrault. — Frère Linard, jésuite milicien. — Saint Dunstan, opéra spirituel. — Crequi, protection particuliere de la sainte Vierge. — Le Missionnaire grenadier et le grenadier missionnaire. — Le faux saint Paul. — Le vieux roy qui veut rajeunir. — La Rave de Louis XI. — Le Retour imprévu. — Gervais, ou le Savetier et le Financier. — Le sieur Loiseau, savetier de Bourges. In-8, vél. bl.

Manuscrit in-8 de 365 pages. Ces pièces singulières et bouffonnes, la plupart historiques ou anecdotiques, sont toutes dialoguées en vaudevilles et furent composées de 1756 à 1760 à Gentilly près Paris où le Père Capucin disait la messe.

636. **Description** et grandeur de l'empire d'Allemagne. — De la capitulation ou du traicté et conventions faictes en 1619 par l'empereur aujourd'hui. — Diverses pièces du temps de la Ligue. Pet. in-fol., mar. rouge, dos fleurdelisé, tr. dor.

Manuscrit de 650 pages provenant de la bibliothèque de l'abbé d'Orléans de Rothelin. Il a appartenu depuis à M. Monteil.

637. **Dialogue** de deux solitaires estant venus voir tout ce qui se passa de magnifique (à Paris) en la presence du Roy l'année 1663, par Maistre Gilles Farcy, prestre. In-12, v. br.

Manuscrit de 183 pages.

638. **Extrait** de ce qui s'est passé au camp de l'île de Chambières commandé par Mgr le comte de Bavière en l'année 1732, in-8, vél. bl.

Copie manuscrite en 240 pages, cartes et plans, exécutée par M. le baron d'Espiard de Colonge.

639. **Factum** contre Simon Morin, dans lequel se trouve l'analyse des ouvrages de ce fanatique. In-4, mar. vert, fil., tr. dor. (*Rel. anc.*)

Manuscrit de 66 pages d'une bonne écriture du XVIIe siècle. Provient de M. Monteil.

640. **Franc-Maçonnerie.** Registre des Séances de franc-maçonnerie de la Loge d'adoption de S. Jean de la Candeur. A la gloire du G. A. de l'Univers, sous les auspices du Serenissime Grand-Maître. Du 21 mars 1755 au 13 janvier 1785. In-fol., mar. rouge, fil., emblèmes franc-maçonniques sur le dos, tr. dor. (*Rel. anc.*)

Très curieux manuscrit en 178 pages relatant le procès-verbal des séances signé des membres présents. Parmi les affiliés se trouvent les noms et les signatures de plusieurs personnages célèbres, tels que : la comtesse Choiseul-Gouffier, Louise de Bourbon, duchesse de Bourbon, marquise de Courtebonne, comte de Tournon, chevalier de Fitz-James, comtesse de Colbert, comtesse de Puységur, comte de Beaufort, comtesse de Praslin, vicomtesse de Choiseul, marquise de Rennepont, présidente de Nicolaï, marquise d'Oza, Saint-Simon, marquis de Saint-Hermine, duchesse de Polignac, etc.

641. **Gaces de la Buygne.** Le Rommant des deduitz composé en mil ccc cinquante-neuf. In-fol., demi-rel. mar. rouge, dos et coins, non rogné.

Copie manuscrite en 329 pages.

642. **Guignes** (de). Recherches sur les Navigations des Chinois du côté de l'Amérique, et sur quelques peuples situés à l'extrémité orientale de l'Asie. In-fol., demi-rel. mar. brun, dos et coins.

Manuscrit en 26 pages.

643. **Histoire** de la possession de la mère Jeanne des Anges, de la Maison de Coze, supérieure des religieuses ursulines de Loudun. Gr. in-4, demi-rel. mar. bleu, dos et coins, non rogné.

Copie manuscrite en 460 pages des pièces originales relatives à l'affaire des religieuses ursulines de Loudun conservées à la Bibliothèque nationale.

644. **Idée** de la République de Pologne et de son état actuel en 1748. In-fol., mar. vert. fil., dos orné, tr. dor. (*Rel. anc.*)

Manuscrit de 138 pages. Armoiries sur les plats.

645. **Lacombe.** Le Spectacle des Beaux-Arts, ou Considérations touchant leur nature, leurs objets, leurs effets, et leurs règles principales. In-12, v. br.

Manuscrit de 300 pages.

646. **Lafitau** (Pierre-François), évêque de Sisteron. L'État de l'Europe pendant la minorité de Louis XV. In-4, v. br.

Manuscrit de 91 pages.

647. **La Rochefoucauld.** Sentences et Maximes morales, par M. D. L. R. 1663. In-4, mar. vert, dent., doublé de mar. rouge, compart. dorés, tr. dor.

Manuscrit de 56 pages renfermant 212 Maximes. Une note indique que cette copie précède toutes les éditions et qu'elle renferme certaines pensées divisées en deux et réunies en une seule lors de la publication.

648. **Le Roy** (Antoine). Rabelaesina Elogia. 3 vol. in-4, demi-rel. mar. du Levant, dos et coins, non rognés.

Manuscrit de 716 pages divisé comme suit : Lib. I de vita et gestis magistri F. Rabelaesi. Lib. II de multiplici Rabelaesi scientia et experimentia. Lib. III de variis iisdemque doctissimis scriptis magistri F. Rabelaesi.

649. **Liber Soliloquiorum** (Augustini) anime ad Deum de ineffabili dulcedine omnipotentis Dei. — Liber contemplationis beati Augustini de spe habenda in Deo. — Meditationes Bernardi de cognitione hominis. — Liber beati Bernardi abbatis de precepto et dispensatione. — Liber abusionum claustri beati Bernardi abbatis Claravallensis. — Stimulus amoris devoti Bernardi. — Sermo beati Bernardi de humana miseria. — Planctus sancti Bernardi coram crucifixo. Ms. pet. in-4 de 8 ff. sur vélin, de 38 lignes à la page (fin du xve siècle), v. estampé.

Ce manuscrit, finement exécuté en Italie, est orné de rubriques et de majuscules en couleur. Plusieurs des majuscules offrent cette particularité que l'artiste y a placé des inscriptions. En tête du second traité on lit : *Placidus modestus.* En tête du cinquième on lit : *Abbas Placidus.* Il est probable que ces mots nous font connaître le nom du personnage par qui le manuscrit aura été exécuté. Ce personnage doit être le bénédictin Placido Campulo, abbé de Saint-Placide de Messine en 1428, mort en 1455. Voy. Mongitore, *Bibliotheca sicula*, II, 184.

A la fin du volume sont trois pages en écriture italienne cursive du commencement du xvie siècle. La dernière de ces pages contient une prière en italien.

650. **Lorris** (Guill.) et Jean de Meung. Le roman de la Rose. Pet. in-fol., v. brun.

Manuscrit du xve siècle sur papier. A la fin sont deux pièces intéressantes. L'une, qui commence par :

Par plusieurs points peut Paris preceller.

Se retrouve sous le titre de *Paris éthimologique* dans un manuscrit de Lord Ashburnahm (voy. Eustache Deschamp, éd. Queux de Saint-Hilaire, II. XXXIX. n° 137). L'autre, qui porte dans un manuscrit du Vatican (Christ, n° 1022 fol. 172) le titre *Complainte de Loys de Luxembourg* (voy. Keller, *Romvart*, 146), nous a été conservée également par un manuscrit de la Bibliothèque nationale (1707. fol. 42), où elle est intitulée : *Complainte du connestable.* Notre texte offre des variantes ; il commence ainsi :

Mirez-vous cy, perturbateurs de paix,
Faulx tradicteurs, qui par vos doubles fais...

651. **Mémoires** de Jacques II, roi d'Angleterre. Petit in-fol., demi-rel. mar. brun, dos et coins.

Fragment manuscrit de 33 pages qu'avait fait copier, sur l'original, le cardinal de Bouillon, et qui a été retrouvé dans les papiers de sa famille.

652. **Mémoires** du règne de Henry III, 1589. In-fol., demi-rel. mar. rouge, dos et coins, non rogné.

Copie manuscrite en 340 pages.

653. **Mémoires** du comte de Brienne, ministre et secrétaire d'État contenant les événements les plus remarquables du règne de Louis XIII et de celui de Louis-le-Grand, jusqu'à la mort du cardinal Mazarin

composés pour l'instruction de ses enfants. In-fol., mar. rouge, fil., fleurs de lis aux coins, dos orné, tr. dor. (*Rel. anc.*)

Manuscrit de 920 pages d'une bonne écriture du XVIIe siècle antérieur à la publication qui a été faite de ces mémoires.

654. **Mémoires** en forme de Journal, contenant ce qui s'est passé dans Paris depuis 1648 jusqu'en octobre 1652, par M. de Mascarani, conseiller du roy en sa Cour du Parlement de Paris. In-4, v. br.

Manuscrit de 150 pages.

655. **Mémoire** instructif concernant la nature et les avantages du canal de Provence, composé à l'occasion de l'acquisition qu'a fait une nouvelle compagnie des droits d'une compagnie précédente, 1759. Pet. in-fol., planche gravée, mar. vert, large dent., doublé de tabis, tr. dor.

Manuscrit de 168 pages aux armes de Mme de Pompadour. Fortes mouillures.

656. **Missel** du prieur du couvent des Chartreux de Saint-André près de Tournay. In-18, dérelié.

Manuscrit de 146 feuillets sur vélin très fin exécuté au XIVe siècle. Il est orné d'un certain nombre de lettres initiales en or et en couleurs.

657. **Montpensier** (Mlle de). Mémoires. 4 vol. in-4, v. marb.

Manuscrit du commencement du XVIIIe siècle provenant de la bibliothèque du roi Louis-Philippe.

658. **Morin** (Simon). Au nom du Père et du Fils et du Saint-Esprit. Pensées et cantiques. Dédiées au Roy, 1647. In-8, mar. vert, dent., dos orné, tr. dor. (*Rel. anc.*)

Manuscrit du XVIIIe siècle en 229 pages. Provenant de M. A. Monteil.

659. **Ovidii** Fastorum libri VI. In-8, mar. rouge, tr. dor.

Manuscrit du XIVe siècle en 165 feuillets sur vélin.

660. **Plusieurs airs choisis**, avec la musique. In-12, mar. rouge, doublé de tabis.

Manuscrit du XVIIIe siècle en 149 feuillets. Chaque page est entourée de filets de diverses couleurs. Sur le titre un dessin colorié. Armoiries sur les plats.

661. **Recueil** de chansons. 2 vol. in-4, mar. rouge, fil., tr. dor. (*Rel. anc.*)

Manuscrit de 623 pages contenant des chansons satiriques composées par Blot et autres auteurs sur des personnages de la cour à l'époque de la Fronde.

662. **Recueil** de chansons historiques (et badines) du temps, sous le règne de Louis XIV. 2 vol. in-4, v. fau.

Manuscrit de 580 pages de chansons politiques et légères sur les différents personnages de la cour.

663. **Recueil** de chansons choisies en vaudevilles, pour servir à l'histoire anecdote depuis 1665 jusqu'à présent (1707). Tomes 2-3-4. 3 vol. in-4, cart.

Recueil manuscrit ayant appartenu à M. de Monmerqué qui déclare dans une note n'avoir jamais possédé le tome premier.

664. **Recueil** des plus généralles considérations servans au maniement des affaires publiques. In-8, mar. rouge, dent., compart., dos orné, tr. dor. (*Rel. anc.*) 35 —

Manuscrit de 554 pages. Une note indique qu'il a été donné en 1641 par le cardinal duc de Richelieu à M. André Chalamont.

665. **Rome** profane, ou l'Entrée du cardinal legat *à latere* dans Paris, 1665. In-4 de 292 pp., réglé, mar. rouge, fil., dos orné, tr dor. (*Rel. anc.*) 20 —

Manuscrit en vers de 292 pages d'une bonne écriture du XVIIe siècle. On a ajouté le portrait du cardinal Chigi, gravé par Moncornet.

666. **Vers de la Mort**, par Dans Helynand, religieux de l'abbaye de Froidmont. Ms. in-4 sur papier de 10 ff. (XVe siècle). 14 —

Les vers d'Hélinand remontent à la fin du XIIe siècle. Notre manuscrit a appartenu à Henri Mesmes qu'il l'a fait précéder d'une note de sa main. Méon, qui l'a possédé au commencement de ce siècle, y a joint la préface (imprimée) de A. L'Oisel, pour l'édition donnée par lui, ainsi qu'une copie moderne des 72 premiers vers.

667. **Vie** (la) Vertueuse, saincte et glorieuse du glorieux confesseur monseigneur saint Joce. In-8, mar. vert, dent., tr. dor. 500 —

Manuscrit du XIVe siècle composé de 148 pages sur vélin. Il est orné de deux belles miniatures à pleine page ; au bas de la première sont les armoiries peintes de Robert prince de Barbanson, comte de Ligne et d'Arenberg.

668. **Vie** de Mme Daubigné, marquise de Maintenon. In-12, bas. 7 —

Manuscrit en 80 pages, contemporain de Mme de Maintenon ; il commence ainsi : « Elle se nomme Françoise d'Aubigné et est fille de M. d'Aubigné dont le père est enterré à Genève. »

669. **Voltaire**. La Pucelle d'Orléans. Poème héroï-comique. In-4, v. br. 5 —

Manuscrit de 300 pages ne contenant que 15 chants du poème. Le 15e n'est pas terminée.

Dans le second chant se trouve une variante de deux vers.

Ce manuscrit paraît être de la main de Vagnières, l'un des secrétaires de Voltaire.

On a joint à cet exemplaire un feuillet qui a pour titre *Additions à la Pucelle*. Ces additions sont de la main de M. de Malesherbes. (*Note de M. de Villenave.*)

Collationné

Paris. — Typ. G. Chamerot, 19, rue des Saints-Pères. — 20906

www.ingramcontent.com/pod-product-compliance
Lightning Source LLC
LaVergne TN
LVHW020446230826
846091LV00004B/1565
9782016129456